玄門真宗

祈願

玄興教尊◎指導
蔡秋生、蘇紹寧◎編撰整理

11堂祈願課，
成就你一生的圓融

推薦序

在不平靜的世界，找平靜

李錫東

前些時候跟家人朋友一同去放天燈，看著冉冉升起的天燈，寫滿了大家心底的祝福跟願望：身體健康、平平安安、事業順利……

天燈帶著眾人的希望，遠遠飛向天際，看著閃爍的燈火，突然覺得這跟《祈願》的概念不是很像嗎？

生活脫離不了祈願，祈願又來自於生活。

面對這個張牙舞爪的世界，我們時而徬徨，時而無助，需要上天給我們一點肯定，需要一個聲音告訴：「放心吧！一切都會沒事的。」

身處在一個紛亂的時代，有太多令人浮躁的事物，無時無刻佔據了我們的心靈，來自生活的各方壓力，工作的、課業的、家庭的、人際的，壓得人喘不過氣。就像每天在漆黑的隧道內拼命的奔跑，卻永遠看不見盡頭。

所以我們祈願。

在祈願的過程中，我們梳理自己的內心，釋放日常累積的壓力，就像從繭居蛹裡，一點一滴，找到破繭而出的亮光跟勇氣。

我們都需要平靜，需要休息，需要一個地方可以回去。

我們也需要鼓勵，需要肯定，即使做得不夠好，也能接受不完美的自己。

祈願，不只是與神明對話，同時也是與自己對話，毫無保留的將自己的軟弱、困惑、傷痛給揭露出來，赤裸裸地呈現，這個過程並不輕鬆，但當你能誠實的面對自己、接受自己時，你更能誠實的面對這個世界，你將會發現，你所遇到的每個困難，都更完善了自己，痛苦和悲傷會轉化，全然的愛和感謝會升起。

對我而言，那就是祈願的意義。

希望親愛的、有智慧的你，也能從《祈願》這本書裡，重拾自己的初心，找回手中原有力量。

相信的力量

蔡秋生

一位外科醫師，每次上刀前，一定會自己一人待在值班室數十分鐘，眼睛緊閉，雙手互握，喃喃自語，向上天祈求，希望手術過程能順利，發揮最大的力量。說也奇怪，每每經過這樣的禱求，當天的手術的確又順又快，沒有出絲毫的差錯。

真的是上天聽到了醫師的心願，手術才如此順利嗎？

與其說是上天給的幫忙，倒不如說，透過「祈願」，醫師得到了內心的平靜跟力量，才能在手術室巨大的壓力之下，臨危不亂，達到最好的成績。

心中有信仰的力量，醫生沒有從天天面對的挑戰中敗下陣來。

前些時候，認識的一位小朋友——九歲的小恩，診斷出了腦瘤，雖然是良性的，但還是壓迫到了腦神經，必須進行手術切除。兒童醫院裡，年紀小小的他剃光頭髮，蒼白地躺在病床上，準備進入手術室。麻醉前，他看似強自冷靜地問護理師：「姐姐，我會不會死掉？」

我以為護理師會敷衍地安慰小恩：「沒關係，不會的。」但沒想到她卻握住小恩的手，溫柔地說：「來，別擔心，我們現在一起來跟上天說話。」只見小恩似懂非懂，卻仍然順著她的指示。

護理師握住他的手，繼續說：「現在，小恩，要進手術室動手術，我們將小恩交託在祢的手中。求祢使手術精確敏捷。用藥適量、判斷醫治正確又完全。手術進行中、手術完畢後一切都平安順利，使小恩得著完全的醫治。」講完這段話，小恩緩緩地平靜了下來。那一幕一直留在我的心裡。小恩最後平安無事地出院了，後續的多次回診跟大小手術，他也能平靜以對。

心中有信仰的力量，小恩沒有被病魔打敗。

這兩個真實發生在身邊的故事，讓大家了解，祈願並不是神秘的、離我們很遙遠的宗教儀式，它其實非常地貼近真實的生活，有如呼吸，隨時隨地，自然平實地流露。

「祈願會帶來改變」，會改變我們對事、對人、以及對自己的態度。「我現在很害怕——」「我覺得很焦慮——」「我不確定自己到底行不行？」。當你祈求時，很自然地，將我們從痛苦、害怕、憤怒中釋放出來，幫助我們去看、去思想、去接納一切的人事物，包括我們自己。彷彿打開了一扇大門，坦承自己的需求。讓愛跟溫柔平靜地滲入了我們心中。

暢銷書《最後十堂星期二的課》的作者米奇，曾說過：「假如你相信有一個比你自身更大的事物存在，而且你仰賴祂的力量，你將會獲得深刻而踏實的安慰。」

祈願就是這樣的意思吧。相信本身，就是一種堅定的力量。

這是一個內心中的體悟

蘇紹寧

當時，接獲要讓「祈願」這個我們都應該知道的概念能夠更貼近你我、更深入生活的消息時，在我內心中出現了一個悟證的事緣。

看了玄興教尊口述，師兄師姐整理的祈願本文，我反覆閱讀好幾次，試圖想要從生活中的細節開始切入，更多的是希望能讓社會大眾知道關於「祈願」的概念所要帶給我們的道理與體會，尤其是那些我們都知道卻一再忽略的根本。

於是我順著自己內心最深處的體悟，寫了這段故事。

本書中的女主角是真實的案例，我為了讓這個真實案例能更貼切地接近你我的感受，所以全書用「我」的自身語詞來引述，讓書中女主角的體悟與改變更能觸動深入你我的心。

女主角曾是一個喜歡抱怨的人，認為自己不但要在職場打拼，還要面對公婆「無理」的要求，常常覺得大家都在跟自己做對，無形中給自己許多壓力，夫妻間的相處也陷入緊張，關係降到了冰點……這段時間她很不快樂，別人一句無心的言語，都會觸碰到她最敏感的神經，有如驚弓之鳥。而一個不快樂的太太，又怎能建立一個快樂的家？

終於在一次的逃避之下，她驅車離開，也許是緣分的指引吧，女主角「誤闖」了一處優美的勝地——玄門山，並與玄興教尊相遇，開始接觸了祈願的課程，女主角說她回想起來，這真的是她一生中最幸運的事。祈願改變了她，從一開始的固執僵化，到後來願意敞開心胸，放下成見，主動對長輩釋出善意，漸漸體會到婆婆未曾說出口的疼惜，也感受到丈夫對自己一直以來的愛與關心。因為祈願，使她更了解了自己，也更願意同理他人……相信的力量真的很大！

我們的生活往往有許多不如意，更應該要透過祈願的力量，轉化為正面的態度，讓自己成就並且改變，如同書中玄興教尊說的，祈願的力量是透過信仰、信心以及信念形成，很基礎、簡單且根本的道理，所以何不給自己一個機會好好靜下心來了解與體會呢？

最後，如果你覺得這本書跟宗教脫離不了關係，那我也要跟你說：「真的脫離不了關係！」因為這本來就是相輔相成的。

就像玄興教尊說的：「宗教就是生命，有人誤解生命本質因而不拜神，但卻不知，其實拜神是在於深入生命，提升生命本質，強化生命力量的。」

如果你不拜神，那就給自己一個不要誤解生命本質的機會；如果你拜神，那你更應該知道祈願和我們之間的密切關係。

就讓玄興教尊與玄門真宗帶領你一起「祈你所願」吧！

目錄

一、祈願的態度

【第一堂課：態度對了，祈願就靈了】

講台上，正在講課，我選了最後一排靠窗的位置坐下，聽著講師說道：「人生在世，一定有成功也必然有失敗，只是為何電視上的名媛富豪，或身旁那些讓你羨慕的『成功人士』，似乎鮮少品嘗失敗的經驗呢？相信你一定時常問自己、問祖先、問老天，同樣都是人，做著差不多的事情，為何有些人的際遇或機會就是比自己強呢？不得不說除了累世因果、祖先之行功造德庇蔭之外，最重要的就是對人、對事、對物的『態度』了，所謂『態度決定高度』，有什麼樣的態度就有什麼樣的處世方法，當然也會決定最後的結果。有人凡事積極樂觀，面對挫折無所畏懼，甚至當作成長茁壯、磨練自己的好機會；反之，有人遇事消極悲觀，常常怨天尤人，挫折對他來說就是失敗、困難，甚至還因此歸咎他人。如此南轅北轍的『態度』，聰明如你，相信都知道結果有多麼不同，當然，這也是人生際遇如此不同的原因之一。」

「這麼說來，不就是我的態度問題囉？」這是我聽到這一段話，腦中第一個浮現的想法。難道那些愛情、事業都得意的女人，就只是有著和我不一樣的態度，所以才這麼「好命」嗎？

我感到相當不以為然，抬頭看了一眼正在上課的講師，而他似乎也看了我一眼，我趕忙低下頭，慶幸心中的質疑沒有被發現，講師只是不經意的看了我一眼，總之，講課的聲音又繼續下去：「或許大家都聽過一個小故事，有一家大鞋廠的老闆為了市場需要，派了兩名業務銷售員到非洲進行市場潛能與需求的考察，一個月後，兩人回國並分別向老闆報告考察內容，第一位業務銷售員向老闆說：『非洲人根本不穿鞋子，因此沒有開發市場的價值，所以完全不需要派人到非洲推展業務。』但相反的，第二位業務銷售員卻持不同看法，他向老闆報告說：『非洲大多數的人都沒有穿鞋子，所以市場潛力無窮，應該趕緊派人進行推展銷售的業務，以取得將來市場優勢。』結果如何？或許你已猜到，沒錯，後來第二位業務銷售員被升為業務經理。」嗯，這個故事我有聽過，簡單來說就是樂觀和悲觀的對照。

接著講師又繼續說：「另一個故事也相當有意思，有位科學家要測試青蛙對於環境的反應，於是他把三隻青蛙丟進一個裝有牛奶的桶子裡。第一隻青蛙，在桶裡游了一圈，找不到出路，於是就放棄不游了；第二隻青蛙，在桶裡游了幾圈，發現不到出路，於是也就放棄不游了，不過牠在桶中等待，希望能有救援；第三隻青蛙，在桶裡來來回回的游著，即使找不到出路但卻從未放棄，努力嘗試各種能夠離開的方法，牠試了又試，最後使用了跳躍的方式，又剛好踩到一塊凝固的乳酪，於是奮力一躍而跳出了牛奶桶。」

只見底下「學生」若有所思，因此講師停頓了一下：「所以我們人生的機運，有起也有落，雖然有時候就像故事中的青蛙，找不到出路，但能不能離開桶子，也就是所謂的困境、逆境，全都仰賴自己面對事情的『態度』，在無助、挫折亦或是困難重重的逆境當中，勇敢面對、積極樂觀，並且嘗試任何的可能，如同第三隻青蛙一樣努力不懈的精神，則必定會為自己找到出路。各位，要知道『心若改變，態度就會改變；態度改變，習慣就會跟著改變；習慣改變，性格就會跟著改變；而性格改變，則人生就會跟著改變。』最重要的是『怎麼樣的態度，就會有怎麼樣的人生』；『山不轉路轉、路不轉人轉』，這就是告訴我們，雖然我們無法調整環境來適應自己的生活，但我們可以調整自己的態度來適應一切的環境。」

「大家休息一下，十五分鐘後我們再繼續上課。」似乎到了下課時間，只見講師說完之後，「學生」們紛紛起身伸懶腰或是走出教室。

講台上的講師此時突然往我的方向走來，和他四目交接的我，瞬間有種被看透的感覺，有些困窘在再加些許羞澀的我，急忙想要將頭低下的同時，聽見了講師的聲音：「有緣人，歡迎妳，我想或許妳對這些內容有些『遲疑』，不過沒關係，既來之則安之，隨順其緣吧！但是要請妳記得一句話：『**祈願妳的祈願**』，希望能對妳有所幫助。」

什麼意思？「祈願我的……祈願？」一頭霧水的我，想要再追問時，講師就已邁步離開了。甩一甩頭想要搖醒我這混沌的腦袋，突然發現教室的玻璃映照出外頭明媚的風光，再更往外看去，一片青蔥綠意襯上林立高樹，連接著藍天白雲……但，明明是這麼好的天、明明是那麼好的陽光，怎麼我一點感受都沒有呢？看來應該是中午的那件事情影響了我吧！

就在此時有些「學生」開始注意到我，其實說是「學生」並不太貼切，他們看來更為成熟有禮，如果真的要形容，我想就像是古代學塾當中的學子一般，可能因為講師和我對話的緣故，因此他們紛紛上前詢問我的「到來」，但是說真的，我也不知道為什麼會出現在這裡……

※※※

每週六中午固定的家族聚餐上，婆婆又為了我的工作與生育計畫衝突而頗有微詞，和先生已經結婚一年多，當初的我們僅是因為彼此都到了適婚年齡，才選擇在認識短短半年內走入婚姻，婚前總以為和我同為經理，只是隸屬不同部門的先生，或多或少能支持我的事業與成就，而且婚前的先生對我百般體諒與禮讓，怎知男人一結婚之後就變了樣，凡事都要我配合，甚至面對我婆婆，也就是他媽媽時，時常都要我唯命是從，雖然我們夫妻因為工作因素無法與婆家同住，但每週六依舊需要固定返回婆家午餐，無論我們工作有多麼忙碌，即使我已經向先生反應無數次，能否因為工作繁忙而取消，但先生依舊不敢「違抗母命」，甚至要求我為人媳婦應該要孝敬公婆，天知道我不是不孝敬公婆啊！只是希望公婆能體諒我們工作勞累，再加上婆婆時常認為我應該要將工作辭去，專心成為先生的賢內助，甚至能替他們倆老生下一「金孫」更好，因此當婆婆知道我目前為了工作暫緩生育計畫時，每每吃飯之際就會誇讚大嫂賢慧聰穎，已經為大哥生下一兒一女，相較之下，我結婚至今肚皮沒半點消息，真是令人難堪。眼看今天中午的聚餐又要演變成如此的場面，我只好不顧先生眼色，假借工作名義離開餐桌、離開婆家、離開我心中的煩悶。

但……握著方向盤的我卻漫無目的，絲毫不知道接下來該何去何從？

「男左女右，男生就應該要坐在駕駛左方負責開車啊，哪有女生那麼會開車的道理。」腦海中不知道為何浮現出當初先生知道我會開車時所說的一句話，當時我不以為然，認為女人就應該要多點技能，不能凡事都依靠男人，卻未細想這句話背後隱藏著是先生的大男人主義思想，於是我決定給自己一個任務！

「向右開吧，去找尋身為女人的主義吧！」

就這樣一個莫名其妙的念頭，讓我來到這裡，起初我還不相信，怎麼山間小路會出現這麼一處秘境，走到門口時還以為是哪間民宿或是餐廳呢，不過門口那一尊莊嚴威武的關聖帝君銅像，顯示這裡應該是一處宗教聖地！由於實在是與我心中的宗教境地有著太不一樣的認知，於是我被吸引駐足，甚至是邁開腳步進入，現在想想或許這就是緣分與注定吧，此刻的我，真的因為那小橋流水以及四處的綠意盎然，而忘卻了不快的煩憂，步上木階，連同原木製作的扶手，再搭配腳邊的小草，再再吸引著我想要一探究竟的好奇。

「這裡怎麼會有這麼特別的地方呢？」我不斷地發出疑問。

就在此時我發現好像有說話的聲音，才一走近就看到前方有整面落地窗的木式建築，似乎是講堂又像是教室，且裡頭正有課程進行著，於是我趨身上前，脫了鞋子，擺放在門口整齊的鞋櫃中，赤腳踩在紅色亮眼的地毯上，緩步小聲地進入教室，最後，我選了一個靠窗的位子，靜靜的坐下，想讓自己的心情舒緩。

※※※

所以對於這些「學生」提出的疑問我只給予簡單回應，不讓他們繼續追問，不過我也從他們的交談對話中，了解這裡是玄門真宗教脈的玄門山，而剛剛的講師就是他們的老師「玄興教尊」，目前講授的課程是關於「祈願」的部分，當我正想細問下去時，發現「學生」們，噢不，正確來說應該是「師兄師姐」們，他們皆已就坐，原來是十五分鐘的休息時間已經結束，而講師，也就是「玄興教尊」，已經準備進入課程。

待所有人入座之後，玄興教尊開始在白板上寫下：

祈願你的……祈願。

原本已經打算離開的我，卻對接下來的課程起了興趣，是因為課程內容呢？還是因為剛剛玄興教尊的一席話呢？我無從得知，只知道我依舊坐在位子上，期待著接下來的課程。

寫完之後，玄興教尊轉身對著大家說：「人的一生行為以內外來分，內者為情，外者為事，而這外在的事與內在的情，就交織出我們人生一世的種種，今天我們討論祈願這門功課，就必須面對人生一世的事與情，尤其，想要脫離人世間的種種困境，甚至修行者想要追求的『超生了死』境界，也必須認真面對《祈願》與《事情》這門功課，而這功課就是在『祈願你的祈願。』

一般人想當然的將『事』『情』二字放在一起，結果把事和情的前因後果弄得難分難明，造成人生一世的《事情》糾葛，其實，『情』應該是對人不對事，而『事』則是應該單單對事不對人；須知對一件事的處理若存在太多個人情緒，則這事就不單純，例如同樣一件事，有的人因為內在心情感覺不一樣，造成情緒起伏，當然展現出來的態度也就多變不一。所以想要修《祈願》這門功課的人，首先要對人生一世的『事情』內涵深入了解，並將『事』與『情』分開，也就是學習凡事能對事不對人，對事不對情，有這樣的基本認知，才能將祈願這門功課甚至是修行，達到真實有效，也才能從《祈願》的修習中，讓自己的一生成就無礙。」

當玄興教尊說完之後，我有些惆悵，雖說這些道理我從前似乎都知道，但這些將情緒與事結合在一起的態度，我卻從來沒有少做，不過對於何謂「祈願」？我依舊感到一知半解，玄興教尊似乎知道我的疑問，補充一段話：「重申一下，『祈願』是隨時存在我們的生活中，也就是說，我們生活的一切本身就是祈願，過去我們以為祈願祈禱是在宗教領域裡的求神，亦或是祈求天地儀軌裡的事，但真實的『祈願』意涵其實就是生活的一切，不管你的信仰如何，也不論你是否信神，相不相信！你的一生一世都在祈願中，因此大家都需要專心一致的了解與學習。」

玄興教尊又繼續說下去：「接著，我們來討論從學習祈願對事情的種種態度，第一：就事論事，不要把自己的情緒加在一起處理，第二：凡事往好處想，第三：就是愛，心存正念，自救也救人。

事有分，外來的事及自己由內向外的事，外在而來的事，大多依著因緣果報而生，別人的事會與我們發生相關聯，這事是有一定因緣或果報的，例如你走在街上忽然被不認識的人撞上，這不是你喜歡或招攬來的事，但這事的因緣可能就是你前世因緣造成，今生來相遇連結的，也有可能是因你今生的業緣習性造成，例如你可能太靠近馬路或者你的習慣就是這樣走路，才造成今天會被撞上的，這因外來的事，從因緣，到面對的業緣，到結果的業報等等，你必須去除情緒，單一只針對事來處理，千萬不要因今天心情不好，被撞一下其實也沒啥大礙，但你因心情不爽就讓事變得惡化，這就是學習祈願禱告的初步功課。

再者這事的後續，會因被撞後的面對態度而延續出一連串的結果，這外在的事會因內在面對的態度，而造成完全不一樣的結果，而祈願的觀念就是碰到任何事，要學習凡事從好處想，這就是修習祈願的第二個法要，須知當我們養成任何事都往好處想的態度時，則這外來的事不管是善因緣還是惡因緣，我們都會因學會從好處想的祈願態度，而讓業緣業報消弭，甚至從不好變成好的結果。」不知何故，我總感覺這課程根本是上天註定讓我來旁聽的，才短短幾分鐘的課程，內容就剛好與我目前面臨到的狀況很相似。正想著時，玄興教尊已經將這二種態度寫於白板並且開始講解了。

「『祈願』外在的一切事緣：外在事除前面所提被撞的事例以外，在你一生當中會有太多屬於外在的事，不是你招惹，不是你想要的，或者你生來就討厭的事，卻偏偏讓你碰上，這些事，**有可能是你累前世以來的冤親債主，有可能是你今生一定要碰到的因緣功課的。**」

此時大家紛紛交頭接耳，或是陷入沉思與不解，玄興教尊看了看大家後說：「如果你的身旁沒有以上的人，那要恭喜你，但大多數人總會有那麼一個、兩個甚至是無數多個『冤家』，所以應該要去化解。在事情還沒發生以前，我們是可以透過祈願，讓還沒發生或將要發生的事從惡緣變成善因緣，祈願就是心念，也就是你心中的一切引力開端，我們必須積極地學修祈願，讓祈願的力量，讓惡的外力事緣不會發生，若有前世因緣的業報，也會因修習善念的祈願，將大惡之事轉為小恙之事，甚至化解於無形。」

玄興教尊突然朝著白板寫了幾個項目，接著轉過來問大家說：「在我們說到面對冤結問題的祈願態度之前，請你先想一想，在你的生活當中與你相處的人是否有像白板上所寫的這幾類人呢？」

只見白板上寫著：

一、不喜歡、不來電、不想理會的人。

二、讓自己討厭到生氣或是排斥的人。

三、曾讓你內心受傷、惶恐、不安的人。

第一個出現在我腦海中的就是我的婆婆，或許她是我的頭號冤家吧！我不禁失聲輕笑了出來，但又意會到自己所在的場合，隨即禁聲並看了玄興教尊一眼，未料玄興教尊也頗有深意的看著我，但隨即開口講課：「由於不安、恐懼、傷心、生氣造成你們彼此之間的傷害，也形成業結，因此看到對方就會惶恐、不安，這類的狀況時常發生在父子隔代之間、夫妻之間、公婆之間，因對待父母、公婆，有時主導權不在自己，位階不平等而居下風，又或是夫妻之間遇上大男人主義的丈夫等等，以上這些都較容易因此而打結。但如果同輩、同修、朋友之間有此種情形，則往往是單一的事加上心情所形成的結果，這就是對事的態度。我們應將生活當中任一事單一去思考，將『事』與『情』區隔開來，不將個人情緒與執念加諸於事件中，此乃處事的原則；而在生活中，則要找到最好的態度與方法去做事，千萬不要將情緒帶入『事』與『情』上，假使經常在事上轉，不只無法妥善處理好事務，在修行上更是永遠都在輪迴且無法超越。簡單來說，『事情』如加諸『情緒』就會變成『情事』，因此需要時時提醒自己待人處世的態度。否則業結就更嚴重難解了。

第二種對事由內轉向外的態度，就是『凡事往好處想。』我們應以同理心、愛心，對他人多關懷，無論是透過自己聲音、態度、事物的關懷，都應該盡力而為，即使覺得對方平常與自己不對盤，也應該要以初發心、直心去面對，並學習誠心的為他祈願，這是祈願修法的態度，也是實修的法鑰。如前所述，如果將情緒或是恩怨情仇加諸於事上，僅對自己有利或是自己喜歡、欣賞的人才關懷，對於自己討厭、不喜歡的人則相對冷漠，那麼祈願的修法自然就比較弱，而祈願力量減弱，那就無法成就了。」

玄興教尊繼續接著說：「祈願對任何人、事、物都應從『事』出發，以平常心、直心與人相處，而所謂的直心就是初發心、專一虔敬的心，以此去執行，因為『事』在未執行之前，如果僅停留在過去心的態度，那執行這件事時就會變質。」

我有一種原來如此的感覺，但是我又能怎麼樣呢？只見玄興教尊繼續往下說：「祈願是由內而外的對話，是在改變自己了業的功課，如果此刻你的心裡有這些情形發生，例如媳婦和婆婆吵過架或太太對先生心生討厭，那冤結必然加深，就更應該積極去面對，並且設法改善。至於應該如何面對討厭或有冤結的人呢？從修習祈願『面對逆境，凡事往好處想』，從對討厭的人更加和善、關懷開始，並以此磨練自己的心性，對你是有所助益的。」

聽到這裡我感到為難且不可置信，當下第一個念頭即是「不行、不可能」，於是我搖搖頭跳過想要關心我最大的冤家，也就是我婆婆的想法。

「這部分的深意讓大家自己去細想，我們繼續往下說──」玄興教尊似乎不等我們的負面念頭延伸，立即的向下講到：「現在我們討論第三種祈願的態度，那就是用愛的給予，愛是對自己的態度，在修行當中，修行的人一定要學習用愛的給予來自救，人生在世會碰到多少的外力事情，多少的惡因緣，我們真的難以預知，因此在祈願修習態度中，當以愛的給予為祈願力量！

「所以，若想要改善問題，其方法就是祈願，祈願就是萬靈丹，積極學習為自己祈願來改善問題，但須謹記的是……」玄興教尊轉身寫下：

你必須有強烈的信仰信心，不斷的為自己的祈願……祈願。

「先跟大家說一個案例，有位師姐婚後與婆婆同住約一、兩年之後就搬出婆家，與先生在外買房共組小家庭，但之後雖然已經二十幾年沒與婆婆同住，可是現在想到婆婆，還是在心中充滿怨氣，冤結很深；類似如此的業結，許多都是自己造成，因此如果沒有學習正確的祈願態度，要解開冤結困境是相當不容易，其實這是自己讓自己受傷害，自己處在過去的心走不出來，此乃因沒有以凡事往好處想、往前看的祈願，將業力拋開丟棄所造成自怨自艾的結果；所以在此提醒大家，從『事』出發，切勿把以前的感覺、認知放進來，凡事往好處想的祈願，才能展現直心、初發心，這就是祈願的基礎。

在這裡有個很重要的觀念大家一定要知道，那就是『精神暴力比身體暴力更深層』，所以唯有從信仰中去調整才有辦法改善；而深藏於潛意識的業力，也必須透過自己內心的『祈願』才能甘願化解；對事物的理解，更要從『愛的給予』深處去修行、去釋放、去面對，才能把內心糾結業緣業報放掉。

現今的現實社會中，有許多人自我封閉，甚至依著自己的問題困境困擾長期，自以為無法化解，甚至嚴重到希望自己能快點死去來逃避問題，而這也是一個非常重要的警訊：不好的暗示會讓自己身體衰退。」沒來由的，我想到自己，在與先生結婚的這一段時間，和婆婆冤結真的越來越深，也讓自己越來越不快樂，就像玄興教尊說的一樣。

「我讓自己受傷害了。」這樣的念頭徘徊不去，讓我感到難過與惆悵。

陷入深思的我被玄興教尊的聲音拉回課堂上：「並請師兄師姐回去細想與複習，現在帶領大家一起來祈願……」

為〇〇〇解冤釋結祈願文

大慈大悲的玄靈高上帝暨列聖恩師呀！

我的一生總是會有困難，也總是會碰到小人，遍佈事非，
我可能過去有做了錯事，也有可能得罪了別人，
所以目前才會有冤結事非，有人陷害，對我結冤種種，
今天我要誠摯的祈願並懺悔，
祈求大慈大悲的玄靈高上帝暨列聖恩師！
請您庇祐增加我的力量，啟發我的智慧，提昇我的信心，
讓我用您的安忍，去撫平人生的坎坷；化解冤結小人事，
讓我用您的慈悲，來導正對我傷害阻礙的行為，
讓我用您的忠義神威，作自己安住的力量，勸化小人惡事，
祈求大慈大悲的玄靈高上帝暨列聖恩師！
祈願從今而後面對冤結小人事時能生無上的智慧，
祈願能生忠義的氣魄，希望冤結小人不再有，
祈願公平、正義、財運福報都能獲得，
大慈大悲的玄靈高上帝暨列聖恩師呀！
請求您接受我至誠的祈願！

請求您接受我至誠的祈願！

而此時的我也陷入自己的漩渦當中，連玄興教尊都已經走到我身邊，我還渾然不覺，他對我說：「如果今日的課程對妳有所幫助，歡迎妳之後再來，我也期待妳有改變的一日。不過……我想或許妳對我的話有所質疑，那妳何不順勢而為，持續的來上課並且試驗看看，到底是妳會改變還是我會說錯呢？就當作給自己一個放鬆的秘密基地，玄門山的大門永遠為有緣人開著！」

就這樣……玄興教尊的一席話，開啟了我的祈願十一堂課。

二、祈願的觀念

【第二堂課：從觀念開始，建立準備工作】

「玄門山的大門永遠為有緣人開著！」

是我嗎？我就是那個有緣人嗎？喃喃自語的起床，我揉了揉眼睛，印入眼簾的是灑在窗簾旁的碎光，原來昨天已經遠去了。有些茫然的走下床，我伸出手拉開窗簾，奪目的陽光瞬間籠罩整個房間，也將床上的空位映照的格外刺眼，逼著我想起昨夜先生的憤怒與不歸。

※※※

藉故離開家族聚餐之後，徒留下來的先生感到相當難堪，加上婆婆對我的行為十分不諒解，於是當著所有人的面叫先生要好好回家管教我，甚至嘲諷似的向公公數落先生：「軟弱，連老婆都對他如此不尊重。」

於是帶著複雜又難受情緒的先生，一回到家便將所有的不滿都傾洩在我身上，他對著我吼叫、怒罵，「我真的搞不懂妳，不過就是個午餐也可以搞成這樣，難道妳不知道我媽就是希望妳能夠聽話，可以好好地向大嫂學習，妳中午那是什麼態度，妳把我的臉都丟光了，妳知不知道哥和大嫂在車上是怎麼說的，他們竟然安慰我，還叫我要多跟妳溝通，哼，溝通，我們之間說的還不夠多嗎？每次回我老家之前妳就先板個臉，我哪一次不是好好地跟妳說，要妳忍耐一下、配合一下，不過就是個午餐，然後妳呢？妳怎麼回應我的？今天還給我搞這一齣，妳要我怎麼繼續跟妳過下去！」面對先生的氣憤，我腦海中原有想要訴說的歉意與今日到玄門山奇緣一事全都消逝無蹤。

「我只是……」還尚未說出口，就遭到先生打斷：「只是什麼，妳太多藉口和理由了，不好意思，我實在無法面對妳也暫時不想看到妳，今天我睡公司！」伴隨大力的關門聲，留下來的是我心跳的頻率以及時鐘的滴答聲，看著發燙的門板，我依舊只能甩一甩頭思考接下來的事情，傳了簡短訊息向大哥、大嫂致謝，但獨漏我們夫妻爭執的部分，至於公公、婆婆……我怯步了。

「暫時先這樣吧，反正現在向公公、婆婆解釋，婆婆她也不會諒解的。」

於是將自己一切都打理完畢之後，躺在床上的我才發現枕頭出現了淚痕，原以為能理性將後續動作完成的我，不會有所感覺，但其實……我還是在乎的，在乎這些痛苦、在乎那些氣憤、在乎……我的先生，這個我希望能攜手與他走一輩子的人。翻來覆去的煎熬，最後伴著淚痕的我漸漸睡去。

※※※

想到這裡，沐浴在陽光中的我卻只能無助依靠在床邊，「難道我們夫妻之間的緣分真的要因為這樣的原因就此結束嗎？不！我不接受。只是，唉……但是我又能如何呢？」突然在那一瞬間，我想到剛剛夢境中的聲音，想到玄興教尊說的：**「或許學習『面對逆境凡事往好處想……』的道理能對你有所助益，從對討厭的人更加和善、關懷開始，並以此磨練自己的心性。」**

為了要挽救我岌岌可危的婚姻，我想我是應該要有些改變與突破了，心意已定，我決定先向先生釋出好意，並且在先生回家之後與他來一場真正的「溝通」。

※※※

事情總是無法盡如人意，於是同樣的情景又在我眼前出現；講台上，玄興教尊依舊在講課，而我依舊選擇最後一排靠窗的位置坐下，此時玄興教尊正講到：「不知道大家是否聽過這個故事，從前有位漁夫為了祝賀朋友結婚，於是在朋友結婚當日駕了一艘小船去參加喜宴，由於在喜宴上碰到的都是一些熟識的朋友，加上相聚相當開心，所以一時歡喜就喝了不少的酒。婚禮結束這位漁夫向老友與新郎告別以後，便搖搖晃晃的朝江邊往自己的船走去，此時天色已漸漸昏暗了，他在迷糊中摸上了駕來的小船，並且拿起槳用力而熟練的划著，想要回到對岸自己的家中好生休息，但奇怪的是划了一段時間仍然沒有到達對岸，雖心生疑惑，不過漁夫此時也因不勝酒力，就昏昏沉沉的在船上睡著了。

第二天一早，漁夫被刺眼的陽光驚醒，當他睡眼惺忪的環視一下四周卻嚇了一大跳，因為眼前所見到的景象是昨天喝喜酒時所停留的岸邊，原來他的船根本沒有絲毫的移動，但他十分確定自己昨日上船後拿過槳且用力而熟練的划著船，想到這裡這位漁夫百分百覺得自己昨晚鐵定是碰到鬼了，因此毫不猶疑的趕緊離開這艘船，但才剛一上岸便被某個東西絆倒，重重的摔了一跤，此時驚恐的他更加確定自己一定是撞鬼了，於是便風風火火的從地上爬起來，就在這時他不小心看到原來絆倒他的不是鬼，而是綁船的繩索，再定睛一看才發現昨晚上船要離開時，根本沒有將綁在岸邊的繩索解開。」故事說完之後，台下的師兄師姊都笑了出來，而我卻因為中午的聚餐有些影響了心情，僅牽動一下嘴角揚起些微的弧度。

玄興教尊繼續說著：「令人莞爾一笑的小故事透露一些端倪，表面上是自己嚇自己的結果，但不也正道出我們時常落入世間許多有形或無形的枷鎖與束縛嗎？所謂的功名利祿、恩怨情仇，或是有些人可以活得自在灑脫，但有人卻是愛恨交織；有人笑容滿面，就有人愁眉苦嘆；更有些人視錢財如糞土，相對地有些人就視財如命；另外有人可以開朗自信，也有人卻是無奈哀怨。不論是以上所述亦或是我們所知道的那些人生百態，不就是被人生一切事物認知的觀念所影響及左右嗎？

其實不管是有形或無形的枷鎖與束縛，要想解開隱藏在內心深處的綑綁，唯有改變自己處世的觀念才有可能達成，而且要想解開不但要用力掙脫，更要下定決心將束縛自己的繩索徹底斬斷，才有辦法獲得真正的自由，也唯有如此才能找回真正的自己，並能有勇往直前、向前邁進的動力。」

聽到這裡，讓我有些感觸，就是啊，我的枷鎖還沒有被解開，我也尚未獲得自由，那這樣是否都要歸咎於「我自己」呢？我一直以為是我婆婆給予我的束縛，難道其實是我自己給的嗎？

「曾經聽人說過：『為自己的夢想而想，到自己想去的地方，做自己想做的事，因為我們只有一次的人生！』這段話說得這麼的真實與貼切啊！沒錯，人生只有一次，我們要如何活出生命的泉源完全掌握在自己手裡，因為雖然我們無法改變人生，但我們可以改變人生觀；雖然我們無法改變既定的環境，但我們可以改變自己的心境，並且為了自己的人生去夢想、去達成、去執行。」玄興教尊說得慷慨激昂，也一再的撞擊我的內心。

「而這也正是祈願的觀念，其實祈願的力量每個人都有，就如同我們每個人都有可能做過的說好話、做好事、存好心等等，這些都是祈願的本質，另外，立願的修行者更要以自度度人的精進願心，以祈願的力量為一切眾生祈福、救贖。」玄興教尊說完之後請大家休息十五分鐘，讓大家消化一下剛剛上課的內容，而我，也陷入了沉思。

想起一個禮拜前，決定要和先生溝通的我，真的卯足了信心，並且一再咀嚼玄興教尊所說的話語，趁先生返家時，釋出善意的向他說明與解釋，並且也提起我在玄門山遇見玄興教尊的事情，可能經過一夜冷靜吧，先生也緩和情緒的聽我訴說，最後我們達成共識，日後星期六午餐一樣照常，但是當婆婆開始「長篇大論」時，先生會與我立場一致的請婆婆再給我們多一些時間，此外，我也與先生分享玄興教尊所說的「為人祈願，且祈願要用直心」道理，先生雖然未表示什麼，但能感受出他有些許的贊同，而我們婚姻中第一次的重大危機，也就因此落幕了。

正當我以為事情會如此順利而有轉圜之際時，接下來的發展果然還是不如人意……

「不知道各位是否對於剛剛的課程有疑惑呢？」想到一半時，玄興教尊就出現在講台上了，原來休息時間已過。見大家沒有進一步的疑惑，玄興教尊便在白板上寫下：

明瞭自己的人格特質，為修習無比神力的祈願作準備。

「所謂祈願的修行，其實就等於生活的一切，凡是也都在心想事成的範疇中，只是一般我們對於人事物的祈願多建立在祈求的功利主義上打轉，若使用如此的方式祈願，其實是容易使人感到對立的得失心而無法相信，這正是因為其所發射的能量立基點在功利上，所以我們應該用愛與關懷，透過這樣的方式出發，才能消弭得失心的不安，也才能讓真正的祈願力量幫助自己也能幫助別人。」話鋒一轉，玄興教尊繼續說道：「不過這部分也要明白每個人都有不同的人格特質，須知每個人與生俱來的內在思維與顯露在外的表象都不同，因著不同的思維，對一切因緣果報自然是不同，相對的，外在的表象也會給人不同的感覺，有些人天生對事物的看法感覺就偏激，也有些人表象特質就讓人較無法接近或者喜歡，但有些人卻散發出容易親近的感覺，這對於修習祈願功課是一個非常重要的功課。其實我們的一生生活不管你要不要祈願，你都需要明白自己的特質，無論向內或向外，均需要重新認知與調整，而首要的工作就是從自我的了解與認知著手，因為只有透過充分自我理解，才能夠修正自己，而這修正自己的作為就是祈願的開端。」

這麼說來，假使我想要改善我與婆婆之間的關係，在為婆婆祈願之前，還需要理解自我的特質優缺點囉，看來這件事情真的比我所想的還需要多更多努力啊，嘆了一口氣之後我繼續聽講。

「我們首先來討論『與人相處的外在特質問題』」，玄興教尊又在白板寫下：

一、聲音及音頻。

二、外表相貌。

三、態度。

「以上這些都是人的特質，而且是與生俱來的不是蓄意造成，所以我們除了應先反思自己的特質優缺點外，對於與他人的相處對待時的好與壞，也應盡力去思考其前因後果。

現在我們來討論第一個造成人與人相處的問題「聲音」，每一個人都有特別的聲音音頻，而不一樣的聲音音頻會讓人對你造成喜惡，影響是不容小覷的，所以如何透過祈願的修習，讓自己的聲音是被自己接受的，是被別人喜好的，這是非常重要，甚至是你得到貴人相助，化解惡緣惡因業的重要關鍵。

學習音頻所作的祈願，如果是聲音高亢者，可以思索放慢說話的速度，而談話缺乏內容、重點者，在關懷他人時就更需自我思考；此外，我們也要自我檢省，若是對某聲音感到有所反彈、反感，或是只喜歡聽某頻率的話或內容時，在修習祈願時，就要懂得化解自己的偏執點。論更深層的生命修行，今生的聲音頻譜其實就是你的今生業緣業報代表，甚至更是你將來往生皈渡的重要因素。

接著第二點是你的『外表面相』，你是一個美貌英俊的人嗎？美與醜其實是一個主觀的認知，所謂『情人眼中出西施』，也就是說外貌的美醜，其實是有一定比率見仁見智的感覺，但是外表莊嚴端正，也是普遍被稱許喜歡的特質，而這因緣特質，除代表累世因緣所結，也代表著今生的果報，不是你今生能要求的。但是修習祈願的功課卻要能真實面對外相外貌的特質問題，須知美醜不是完全決定於相貌，內心中的慈悲歡喜、內在的智慧……等等，也會展現在外相容貌中，因此修習祈願的第二要點，就是要時時展現出慈悲歡喜的外表特質，讓人歡喜。與人接待千萬不能一臉高傲的表情，一副臭臭的臉，甚至哭喪著的表情，這樣的外表面相不但得不到貴人相助，得不到良善因緣，更會讓自己陷於人間地獄的刑牢，這是修習祈願大法非常重要的一件事。

最後，我們討論第三點則是『態度』，其實祈願的修習就等於是修習自己的態度，態度也可廣泛的以習性、習氣、個性來討論，從態度出發的首要步驟就是需先理解自己的問題，前面所討論，有人顯現的業在音頻上，也有人顯現在面相的優缺點，不過最重要的卻是在態度上，若是遇到不喜歡的人，你應先學習接受，並且理解及思考自己是否出現先入為主的態度。須知你的習性、習氣、個性態度有很多都不是父母親給你的，而是你自己累世因緣而來的，有句話說「生仔身，無法生仔心」可見你的習性、習氣、個性態度是你累世因緣帶來的，如今祈願的修習就是在修習自己今生累世的習性、習氣、個性態度，好的習性、習氣、個性態度不但他人接受度較高，更能為自己今生帶來成功的最大契機。」

此時的我，一直在思考玄興教尊所說的「態度」，如同我第一次聽課時玄興教尊也提及過態度，也就是說，要面對我婆婆的第一步，即是要調整我的態度，不過我以為我已經調整的夠恰當了，就像今天一樣，又是固定的週六午餐聚會，但我以為已經與先生溝通過，想必應該能夠改善我在吃飯時所感受到的負面情緒，果不其然，婆婆又於餐桌上提及親戚某某人結婚沒多久已經懷孕的事情，此時我與先生眼神交會，先生隨即講述最近公司內部發生的事

又如何能幫人祈願呢？因此先從口說好話開始，不批評、不說是非、不惡口，接著再深一層是自我的念頭轉換，尤其是誦經時，透過意念的轉換，應多發善念及慈悲心。

二、祈願師是神與人的中介者，需多說好話，如同律師般替苦者向法官求情，重要在於『口是祈願、心是善念』。

最後則是**用持咒消弭惡念的祈願**，相信你我都知道，有人可以將怨氣放在心裡達數十年之久，更有人善於牢記過去不好的人事物，所以如果自己是一個會記仇的人，這輩子就要想辦法突破，不斷用善念去磨滅它，並且用持咒去對抗，而祕訣就在於當一個念頭是惡念起來時，馬上用另一個善的念頭去代替，且想到之後馬上持咒，切勿自我安慰。

念力可以加持別人，也會反射回來害自己，所以應該思考，自己的念力是對的嗎？一個用心踏實的學修者，應該透過儀軌儀式的每個修作，學習虔敬與祈願的能力，並且將自己的身體當作法器，讓身體每一個器官都感覺是存在的，讓身體上的每一個點都能復甦才是。」

玄興教尊低頭看了看時間接著說：「我們今天的課程就先到這裡，請各位回去細想，我們下週繼續，現在讓我們一起來祈願……」

為○○○求身體健康祈願文

大慈大悲的玄靈高上帝暨列聖恩師呀！
我非常渴望您的庇佑：
我知道世間的病痛都是有所前因，
人生的苦樂也都是有所因緣，
我今天來祈求祝願，希望能獲得您的庇祐化解，
現在○○○身心不舒服，受病厄纏繞生病了，
我願以一顆虔誠懇切的心，來向您祈求，
大慈大悲的玄靈高上帝暨列聖恩師呀！
祈願您以慈悲威力庇佑消除無始以來的業障，
減輕身心的痛苦，
讓身心解脫病魔的束縛，讓身心靈能保持樂觀的態度，
並能培養面對未來的信心，更增加奮發向上堅強的力量，
慈悲偉大的玄靈高上帝暨列聖恩師！
願您慈悲加被，保佑弟子身心調和、安泰。

從今而後能得到安住的喜悅，
能得到親人的關懷，能得到朋友的祝福，
身體從此早日康復，
慈悲偉大的玄靈高上帝暨列聖恩師呀！
我以虔敬的心向您祈求！
我以至誠的心向您懇求！

在祈願聲中，玄興教尊結束了課程，師兄師姐都各自起身整理，但此時的我卻悵然若失。

「有緣人。」一個聲音響起，我抬頭一看是一位師姐。

「您好，怎麼了？」我連忙起身，而且有些擔心是否是因為我影響了師兄師姐們的課程。

「妳不用緊張，放輕鬆就好」此位師姐柔聲的安撫我。「剛剛玄興教尊看妳若有所思，所以請我來告訴妳一聲，請妳繼續保持即可，因為目前的妳已經有所改變，相信日後一定會有轉機的。」師姐說完又給我加油打氣才離開，感到有些驚訝的我轉頭看向教室外玄興教尊離開的方向，此時教室外的大樹，突然有一隻靈巧的松鼠一閃而過，那樣的情景就如同捕捉到天空一閃而逝的流星一般，讓人又感到充滿希望。

三、祈願的意義

【第三堂課：祈願的意涵——你應該知道的祈願意義】

「當我們需要運用祈願的力量時，無論向內或向外，均需要重新認知與調整，而首要的工作就是從自我的了解與認知著手，因為只有透過充分自我理解，才有意願能夠修正自己，而從修正自己作為開端，我們第一步要先理解自我缺點。」

仔細咀嚼玄興教尊在上次的講課當中說過的道理，我坐在沙發上面對著電視機沉思。星期三的晚上七點鐘，不用倒垃圾的今天，碰上先生為了趕月底業務報告留在公司加班的夜晚，吃過一個人的晚飯後，我開始思索，思索這一切的來龍去脈、我和婆婆的「愛恨情仇」以及我與先生的心靈交流。

其實追根究底的來說，我與婆婆的關係是相當陌生的，我與婆婆是十分不同的女性代表，婆婆有著因為時代背景而生的傳統、守舊、犧牲奉獻的性格，對比我革新、自主、獨立又自信的個性，實在是南轅北轍；一直以來我自豪於自己的工作能力，大學畢業的我埋身投入職場，用時間換取而來的工作成就，讓我一路從小職員爬升到經理階層，但這也是婆婆最不以為然的，婆婆總是希望我能在家成為全職的家庭主婦，但更深一層的含意即是像她一般，安心地待在家中為了家「犧牲奉獻」，但婆婆不知道的是，隨著時代變遷，現在的家庭是需要夫妻雙方共同努力與打拚，況且，有工作的我一樣可以為了家庭犧牲奉獻，只是彼此之間的定義不同；於是我成為家族中最不受教的媳婦，連帶的也讓先生背上「管不動老婆」的罵名，而先生也因為長久下來的家庭影響，導致無法誠實的向他父母親，也就是我的公公婆婆，表達我們最初的想法與規劃，讓公公婆婆以為從頭到尾都是因為我的關係，讓先生不得不配合我延緩生育計畫，而先生最後也演變成與其一同指責我的不是，因而造成今天雙方不愉快的場面。

不過慶幸的是經過一些轉折，我才發現原來我與先生依舊能夠有所「溝通」的，或許無法盡善盡美，但始終能有一些交流了，當然這其中有一些原因在於我遇見了玄興教尊、踏入玄門山的美好開始，此外，我更希望能與婆婆有效的「和解」，透過真心的為她祈願，然後化解我心中的「結」。於是，除了嘗試與先生做每次家庭聚餐之前的討論與溝通之外，我也給予自己鼓勵與希望，期待能切實做到為婆婆祈願一事；不過關於祈願，雖然我已經大概了解其態度與觀念，但對於它的意義似乎還是有些一知半解，因此我打算再親自向玄興教尊請教，在此之前我更打算邀約先生一同前往聆聽玄興教尊的講課呢！而這也是頭一次，對於星期六的到來我竟然感到有那麼一絲的小期待，這是從來沒有過的念頭，我訝異於自己的轉變，更確信這將是自己目前最重要的「功課」。

※※※

同樣最後一排靠窗的位置，我看著玄興教尊於講台上講課。

玄興教尊此時正舉例向大家說：「中國古代君王之一的梁武帝在位時，曾修橋鋪路，造福國內人民，尤其梁武帝篤信佛教，更是大興土木廣建寺廟與修鑄佛像，所以當佛教中國禪宗的初代祖師達摩祖師到中國弘法時，梁武帝當然不會放過如此之好機會問法於達摩祖師，於是梁武帝問了達摩祖師說：『我這樣不斷的廣建寺廟與造福百姓，有什麼功德呢？』達摩祖師聽了之後不假思索地回應說：『了無功德。』此話一出不但澆了梁武帝一身冷水，而且也如重重的打了梁武帝一巴掌一樣。因此梁武帝一聽非常不高興，板著臉再問達摩祖師詳細原因時，達摩祖師卻閉語不答，最終兩人不歡而散。」講到這裡，玄興教尊停頓了一下，並且看向各位師兄師姐，接著頗有深意的開口繼續說道：「一件事通常都會有善惡、有對錯以及有真假，但這些我們口中所謂的『善惡』、『對錯』或『真假』，在不同的時空或是因為不同的人而會有不同的解釋或是改變，各位可能會覺得這樣一來，豈不容易混淆人心，讓人是非不分嗎？造成這樣差異的原因絕大多是因為沒有真正清楚與明白地去瞭解真實內涵，以及生命真正的意義所導致，我們一般看待事都以理來論之，如果以對治之相對論來說，就必然會產生此一結果，因為有是就有非、有真則有假、有黑夜就必定有白天一樣；但，如果真的能夠澈悟真實意義，追根究底來說，凡事不一定是以相對的態勢存在的，意思是指我們論事待物不應該用一般事相上『有無』這樣的對立觀念去論述，而應該以圓融之道處之，這正是修習祈願大法的根本法訣。

簡單來說，就如同我們通常會將昆蟲定義為『益蟲』或『害蟲』，但那是因為對人類有益的就被我們歸為益蟲，反之，對人類生活有損害或是威脅的，我們就將牠歸為害蟲，相信經過這樣的說明你也能知悉這是以人類視角出發的觀點所論述的益與害，因為放大來看，法界眾生皆是平等的，又何來有益或有害的說法呢？

人的一生數十寒暑，轉眼就會消逝，如果真的凡事都能夠明白真實義理，對生命的真實意涵也能有所體認，那這趟人生就真是不虛此行了，又，如果能澈悟生命的真意並且認清自己是誰，那就更是難能可貴了。清代順治皇帝曾說過：『未曾生我誰是我？生我之時我是誰？長大成人方是我，今眼朦朧又是誰？不如不來又不去，來時歡喜去時悲，悲歡離合多考慮，何日清閒誰得知？』這首節錄的詩詞探討人生的哲理與道理，也是順治皇帝對自己的體認；

因此如果我們能透過祈願來悟得生命的本義，了然來去之間，認清自己是誰，就真的是不枉此生啊！」

轉過身，玄興教尊在白板上大大的寫下：

祈願的真實意義。

「祈願，就是希望強化自己的能量，能夠與神和法界溝通，並因此改善自己與救渡他人。」玄興教尊又繼續說著：「至於如何強化自己的能量，使自己能夠成為好的法器呢？其實一般而言可分為向內祈願及向外祈願。」玄興教尊又向著白板寫著：

一、向內祈願：

（一）達到身心靈合一的方法。

（二）可以向內反觀自己。

二、向外祈願：

（一）力量的泉源：信仰、信念、信心。

（二）力量轉換。

（三）如何形成力量並達到功效。

「通常一般人都以為祈願等於『求』，以為是向神祈求，但實際上祈願不等於求，而是祈願能讓力量形成後再發射出去，真實的祈願是……來，你們看一下白板。」只見白板上寫著：

一、透過信仰讓身心靈真實活起來。

二、立願。

三、祈求。

「祈願是向上、往前走的力量，透過上面幾點可以得知祈求只是其中一部份，其實這些都是祈願的內涵，過去大家透過膜拜神明的神偶來達到祈求，所以一般人對透過宗教儀軌的拜拜，試圖讓自己不會徬徨、恐懼、沉迷；然而單一的祈求是有盲點的，因為祈願的修習雖從宗教的門引領進入，但進入祈願的真實意涵時，卻是身心靈圓滿俱足於生活生命的一切。

再來，回到剛剛說到的，祈願分內外，向內祈願就是向自己祈願，包括透過身心靈和自己對話，而向外祈願則是功效，也就是力量的形成；其中祈願也分好與壞，好的祈願除了是向上的力量外，也還有祝福、愛、發心與承擔，而壞的祈願則是詛咒、消極。

一般來說，如果我們在心情低落的時候為他人祈願，那就是不好的祈願，因為祈願力量的形成是從心開始，再來是意↓氣↓力，所以祈願主要重點在心，心理狀態以及情緒都是會直接影響祈願的力量，甚至導致身體的失衡；又因為祈願的總源頭來自於心，故唯有看緊自己的心，才不致於損人又損己。簡單來說，神是透過心傳遞訊息，因此，當情緒欠佳時，即使向神祈求庇祐或為他人祈願，因受情緒的影響，也會讓心發出不正確的念頭或訊息，而導致所傳達的祈願念頭或訊息產生變質。

我們對於祈願應該清楚其真實意涵，而「心想事成」這句話可說是祈願最好的寫照了，從心中懇切的想著透過祈願就會成功，這是從祈願修習中的「心想↓意念↓氣↓力」的過程，在實務修習過程中是非常不容易的一件事，因為除了讓心專一積極之外，還需要具備愛、善念並發願承擔；在這部分，『心』轉換成『意』需力行，而心想事成當然更需力行，大部分無法成功的人，在執行力上可能就有其問題，況且又不願承擔、不願付出，怎麼可能有辦法心想事成並且改變命運呢？」說完之後玄興教尊轉而看著我，似乎了解我內心的想法，而我這時也才真正了解「祈願」的真實涵義。

接著玄興教尊又繼續往下說：「其實**祈願等同於宗教**，而宗教也是等同於祈願」所以宗教的方法就是祈願，因此祈願的重要性可想而知，是大家必須要知道的重點；我們常常祈求事業成功、財源廣進、家庭和諧、超生了死、止斷輪迴……等等，這些都是祈願，這與各宗教的儀軌也都有其異曲同工之妙。

大家不妨思考一下，一般人到廟裡或道場拜拜所為何事呢？我想大部分都是祈求自己一切能平順、家人皆平安、身體安康……等等。座上的神如如不動，其無量無邊的力量就必須透過我們的修習祈願，讓信仰、信念及信心轉化成力量，自度自己成就並以此幫助更多受苦受難之大眾，你看，這不就是上述問題的最佳解答嗎？」

「最後大家必須要明白，那就是每個人在祈願的修習過程中，都有可能會契到自己的真主恩師，領有一定層級的法旨，所以說，祈願師的修習是有一定能量層級分別的，能量層級不同，代表各有不同的法旨。就如每個人都可以為自己遞狀紙，但不是每個人都可以為別人遞狀紙，只有合格的律師才可以；律師透過國家認證考取執照後才可幫人呈寫狀紙，替人答辯，而真實擔承祈願師之人，則需要透過一定的學修之後，經無形、有形恩師之評，方可准旨的。」

課程暫告一段落，我趁著玄興教尊離開之前，趕忙上前請教關於「祈願」除了課程內容當中提及的涵義之外，是否還有其他意義呢？

「『做一個篤定的自己，除了認真踏實努力外，尚應在內心中，建立一個信仰、願景及虔誠的祈禱。』而這，就是祈願！」玄興教尊在我請教之後給了我一個意料之外的解答，接著他繼續說：「有緣人，非常高興能夠聽到妳的疑問，其實關於祈願，妳已經初步瞭解了，雖然我目前所編設的課程有一部份主要針對修行者，但其實一般大眾更應該要了解，這是因為**當你能明瞭祈願的真實意義後，才能更加清楚的知悉神與祈願有何關聯，並且也才能知道如何拜神，並了解神是什麼。如此一來，我們便能在內心中建立一個架構，而往後的人生就將不會迷惘，更因為不迷惘就不再迷信，不再迷信就會更加虔敬，如此人生方能踏實，也因為人生能踏實、篤定，人生的路才有辦法走得順暢如意**；我知道妳開始有了努力，也開始有了改變，這是非常好的，千萬不要因為一些難處而感到挫折甚至是放棄，當妳萌生退意時，請記住『玄門山的大門永遠為有緣人而開』！」

看著玄興教尊炯炯有神的眼睛以及充滿懇切的語氣，我頓時感到相當精神，也覺得似乎又得到滿滿能量可以繼續往前走，即使今日我依舊一個人來到，而先生也未接受我的邀約，再者今日在家庭聚餐上似乎也未有任何轉變，但不知道為何，我就是開始打從心底出現一種

「一定會有轉機的」堅定信念；此時陽光灑落在教室門口，暖暖地喧騰著我的情緒，我看向窗外林立大樹，而樹幹的枝葉交織、樹葉濃密茂盛，就如同我現在的感受一樣，滿溢於心。

為○○○立願精進成就一生祈願文

大慈大悲的玄靈高上帝暨列聖恩師呀！
我們非常渴望您的庇佑，
庇佑讓我不再徘徊疑惑，
庇佑讓我在黑暗裡找到光明的希望，
庇佑讓我在混亂裡擁有智慧信心能夠克服困境，
祈求大慈大悲的玄靈高上帝暨列聖恩師您的慈悲庇佑，
我要立願精進積極努力，我要立願找到人生的目標，
我要發心行功立德，
更祈願在挫敗困厄遭受批評的時候，
能夠不氣餒不懊惱，
更祈願在遇到瓶頸恐懼徬徨的時候，

能夠反省懺悔積極進取，
祈求大慈大悲的玄靈高上帝暨列聖恩師呀！
我立願能成為恩主的座下生，
在恩師庇祐下能夠化解一切災厄平安無礙，
我更祈願有堅定的信仰，有恩師的指引，
擁有良善因緣，貴人的成全，
祈願獲得財運福報，祈願專業能力提升，
祈願人際關係更圓融圓滿！
祈求大慈大悲的玄靈高上帝暨列聖恩師呀！
我們非常渴望您的庇佑！
請求您接受我至誠的祈願！
請求您接受我至誠的祈願！

四、祈願的要訣

【第四堂課：虔敬是通往神的大道—以信仰、信心、信念作為虔敬的基礎】

還在回味上週玄興教尊所說的「**祈願等同於宗教，而宗教也是等同於祈願，所以宗教最後的目的就是在教導眾生祈願、為眾生祈願。**」怎麼知道時間一下子又到了週六，現在的我站在玄門山的門口，發現原本在門口的樹欉有些不相同，定睛一看才知道似乎是經過師兄師姊的修整，使它變得更加蓬勃生長，再望向每回都像是在迎接我的莊嚴威武關聖帝君銅像，我開始思考自己與宗教的連結。

缺乏深入的認識與了解，宗教對我來說是有些陌生的，不過慶幸的是，從小隨家中長輩一起敬拜神明與祖先，我也耳濡目染的學會了上香與祈禱，甚至自以為是的與神明「溝通」，現在才知道，原來這些都屬於「祈願」的一部分，但也是因為如此我才了解，我過去私自的拋丟訊息，總以為神明能夠接收，如同我們一般人的想法：「神明一定會知道的」，卻不知道自己心之所向才是影響整個祈願最大的要素。

「只是我又應該要怎麼樣祈求呢？那這和我想要為婆婆祈願以及解開自己內心的結又有什麼樣的相關連呢？」我喃喃自語的步入玄門山。

走過妝點佈置的迴廊，牆面上掛著印有「玄門真宗」字樣的結綵紅燈籠，古色古香的襯托宗教的樸實卻不凡，踏在青青草地上輕撫著腳邊的綠意，沿著石塊的帶領，我來到莊嚴威武的關聖帝君銅像前，恭敬的行禮後我順著階梯走上台階，而木製的階板融合青草點綴的綠意，每每都讓我有不同的感受，但唯一不變的就是那一種期待與新奇。只是…今天似乎有些不同的感覺，原來是階梯上的人影，好像正等待著我的到來一般微笑注視著我，走上前去迎著師姐的目光，師姐隨即開口說：「有緣人，妳好，玄興教尊知道妳今日有些想法與疑問，所以讓我來告訴妳，凡事隨順其緣，如同妳的到來一般，不需要強求與勉強，自然會悟出道理的。」我很驚訝內心的想法已讓玄興教尊透視，正想開口詢問是否能與玄興教尊一談時，師姊已繼續接著說：「很多事情不需要急於一時，何不繼續跟隨我們進入玄興教尊的課程，說不定在這其中妳就會有屬於妳自己的收穫了。」話剛說完，我們已經在教室門口了，而師姊也循著自己的座位坐下，準備課程的開始。

而我望向「老位子」，如同前幾次為我而留的一般，始終空著，但今天我卻強烈的感受到位子在呼喊我，於是我移步走向最後一排靠窗的位置，看著講台上的玄興教尊，彷彿不需要多說什麼，我就讓自己平靜了下來，一掃今日家族聚餐帶給我的負面情緒。

玄興教尊看著大家就位之後開始課程：「所謂『祈者願之，因願而祈之』，我們都在祈求上天能實現我們的願望，然而，祈願是否真能盡如所願呢？世界上的眾生，每個人都在祈禱、祈求、祈願，不過有些人能夠夢想成真、盡如其願，卻有許多人百般懇求、殷殷期盼，卻始終無法盡如人意，你或許想過為何上天如此不公平，也可能閃過是自己業力業緣太深以至於無法如願的念頭，又或許你也曾懷疑是否這些都是你的自言自語罷了，但無論如何就算你想破頭還是無法理出一個頭緒來說明這些差異呢？在此，我將要為你解答，為何同樣的祈願，效果卻因人而異？並修正你的祈願方式，幫助你掌握要訣。」這不正是我剛剛的疑問嗎？就像是相呼應一般，玄興教尊今日的課程竟然就為我解惑了，抬頭一看玄興教尊對我會心一笑，我不好意思於自己的「對號入座」，於是趕緊繼續認真聽課。

「當我們無法祈之而如願時，想必讓許多人都感到洩氣吧，不過深究原因，其實虔敬態度不夠、所祈之內容無法條理分明、不能把握祈願之法要，這三個重點，就是無法祈之如願的主要原因！因此，祈願的當務之急就是要學會與神溝通對話，進而清楚明白神的回應以及祂所回應的方式為何？如此一來，不僅你能順利清楚地向上天傳達你所祈之願望，這也代表諸神恩師明白你所願所望之事，同時，你也能接受到神回覆給你的訊息，這樣與神之間的雙向溝通，讓傳達訊息與接收訊息皆能清楚明白，又何須擔憂祈願無法上達天聽亦或是祈願不能如願呢？」玄興教尊向師兄師姐們說明著，而我對於玄興教尊所說的內容相當感興趣，如同我之前想的一般，果然我們面對神明都是「自說自話」，自以為能達天聽，當不能如願時還怨天尤人，想來也真是可笑，原來我們都在做「有溝沒有通」的祈禱啊。

彷彿有默契一般，玄興教尊接著繼續說：「分享一個『有溝沒有通』的趣味小故事，有位政商名流的女主人在家中宴客，由於女主人相當重視細節，因此連菜單都親自擬定交給廚師，其中有一道稀有石斑魚的料理，為了要凸顯石斑魚的原始風味，女主人不厭其煩的叮嚀廚師要依照她的烹調方式來料理，並且將應該注意的事項均列出請廚師遵照，最後還特別交代廚師擺盤的方式好呈現魚的風味，打點完畢之後女主人便急著去梳妝打扮，臨離開前她又補充了一個重點：『石斑魚那道料理除了盤子用銀盤外，盤子四周的裝飾也要精美一點，喔，對了，上桌的時候記得嘴裡要含一片檸檬。』廚師也相當認真連忙回答：『一切均依照女主人的意思，沒有問題，請女主人放心。』看著廚師點頭應聲，女主人便安心的離開。

當天的晚宴相當成功，加上所有菜色都是經過精心設計以及名廚精湛廚藝的烹調，現場來賓無一不激賞與讚揚的，一直到那道女主人交代萬分的清蒸石斑魚上桌時，原本熱鬧愉快的氣氛突然安靜了下來。沒錯，石斑魚用銀盤裝著，魚的周圍配料既豐盛又精美，可說是色香味樣樣俱全，一切都是按照女主人的吩咐，沒有絲毫差異，唯一不同的是，上菜的廚師嘴巴上含著一片檸檬。」故事說完，我們大家都哄堂大笑，可能是因為玄興教尊生動且栩栩如生的說故事方式，亦或是故事內容讓人忍不住，不過，對我來說則是兩種理由都有呢。

待大家的笑聲緩和一些之後，玄興教尊繼續往下說：「從上面的小故事延伸來看，對話雖然是人與人之間溝通的方式，但有些人表達清楚明白又有重點，而有些人卻是說了老半天仍讓人丈二金剛摸不著頭緒；也有些人聽話時，能夠耐心專注且有禮貌的傾聽對方話語，不過就有些人在聽人說話時，不是心不在焉、東張西望，就是喜歡插話，急於反駁對方的言論，甚至因此弄得彼此不歡而散或是爭論不休，以上這些都是說話技巧與溝通技術不良所導致的。所以如何學會對話、表達、溝通、聆聽等技巧，就是做人處世不可或缺的主要習題；再連接今天的主題，我們對人溝通是如此，拜神祈願時更應該是如此，如何將自己所願所望、所祈所求，清楚而明白的傳達給恩師，乃是修持祈願大法之重要課題啊！」

接著，玄興教尊在白板下寫上「**神、人溝通方式**」並發問：「一般而言，和神溝通有二種方式，有人知道是哪兩種嗎？」此時台下的我們七嘴八舌，但大抵都不出兩種答案，第一就是透過祈求和神明溝通，另一種就是經由神的代言人——法師來與神溝通，於此同時玄興教尊也在白板上寫下答案，果然是與認真的師兄師姐們所討論的答案一致，白板上寫著：

一、直接和神對話。

二、透過法師溝通。

放下筆，玄興教尊繼續說：「以上兩種均是一般我們常見與神溝通的方式，但一般人其實很難可以直接和神溝通對話，原因多是因為能量不足、虔敬心不夠，所以大部分人會選擇第二種方式，也就是透過法師將願望或是話語傳達給神。再來說到我們如果要直接和神溝通，是需要經過修行方能進行的，而修行就是透過與神溝通的方法、虔敬的心，包含信仰、信心、信念，進而聽見神的話語與回覆。另外，借物通神的方式，包括了白板寫的這三種。」望向白板，上面寫有三種借物通神的方式，分別為：

一、借香通神。

二、借名以及相通神。

三、借音頻通神。

「接著我們要說的就是**通神須入法界**。」停頓一下，玄興教尊繼續說：「道就是生活的一切，而我們人已然生活於法界中，為何還要入法界呢？這就是一般人的疑惑，也是凡夫俗子的通病『只看表面不看陰陽』。在這裡提到所謂入法界即是強調陰陽之事，是藉有形而入無形；如同穿上法衣，就是一位代天宣化的法師，應顯現出神佛之威儀，亦即眼睛不可亂瞟，須直視前方，而是非心也不可有，如此方能進入法界。

學法之人，需感受每一個動作都是真的，故要從信仰、信念、信心去深入，然後從心開始慢慢的調整，除此之外，眼、耳、鼻、舌、身、意都需要修行，由於通神要能辨真假，故先學習感受香的部分，而後再學習名字筆畫或面容面相，程度佳的人可從名字或面容面相的初識，就能知道此人的概況，也可以了解身材的高矮胖瘦，甚至是脾氣好壞，都能了然於心，此依個人之修行功力而有不同回溯與反應。」

轉身擦掉白板的字，玄興教尊寫上：

神啊！救救我吧——如何將祈求清楚明白的上達天聽呢？

沒想到玄興教尊也是跟隨流行的，讓我驚訝中帶點驚喜。

「我想這才真的是名符其實的神啊，救救我吧！」玄興教尊開著玩笑說，然後又正色道：

「首先要告訴各位的是**與神對話**。是否有想過為何你說的話、所做的祈求，神好像都置若罔聞呢？又或者你擲筊時，常常一而再、再而三的稟告卻依然都是笑杯呢？難道真的是神大小眼，或是你不得神緣？其實真正原因就是不得其門而入，你應該要知道，與神溝通對話是需要符合天、地、人三才要件的。所以，一位代天宣化、神之使者，如果不會與神溝通對話，要怎麼能為大眾祈願呢？又要如何成為神的代言人呢？正因為神是無形的，代言人如何將聲波、念頭傳給神就相當重要了，這當然也是需要靠修行、願心及承擔的，而且也會依因緣而各有不同與差異。」

環視師兄師姐，玄興教尊繼續說：「祈願就是與神溝通，不僅僅只是為自己，也是為身邊的人，祈願就像是人與人溝通般，如前所述，有些人不知如何與人溝通，常常說明許久仍無法將自己的意思傳達給他人，這就是說話把握不到重點的敘述，再加上沒有條理之緣故，因此與神對話時，內容須注意重點並且要條理分明；這方面在修習祈願時當然也相同，需注意重點與條理；又，我們與神所處之時空不同，所以與神溝通需先入法界並把握住白板上的要點。」只見白板上共有七點，而這也是一般人在上香拜拜，要稟告座上仙佛恩師的方法，分別為：

一、虔敬的發念（就如同撥號般）。

二、自稱——弟子或修士〇〇〇（以下對上）。
三、稱時——今良辰吉時（進入法界滅低沖剋）。
四、稱地——在恩主座前或〇〇禪院。
五、恭稱——恭向〇〇〇神。
六、稟事（需簡要）。
七、結尾（祈願）。

師兄師姐們均仔細聆聽，我也不例外。「身為一位祈願師、神的代言人，就應發出慈悲心、誓願心與承擔心，多多幫助身邊的親戚朋友，千萬不要只為自己祈願而不協助他人祈願，那是自私的修法，將難有成就。一位好的祈願師要多發慈悲心與善念，真實為他人禱告，如此成就則一定非凡，祈願應是正向的、對人有助益的，因此不可有詛咒他人的念頭或是欺神的言語，若有則所引發的後果是嚴重的，不可不慎！」沒有想到祈願師的要求如此之高，我以為他們僅是代言人，只需要聽從神令做事即可，沒想到還有那麼多深層的修行啊！

「祈願也要對宗教的本質有一定了解，包含如何跨越有形與無形，如何知道拜真或假、有效或無效，因為如果沒有正確之觀念與態度，那麼所說的一切就都是假的；至於虔敬更是通神的不二法門，虔敬要以信仰、信心、信念作為基礎，要謹記的是沒有虔敬就感受不到神，更遑論能與神溝通對話。」玄興教尊相當感慨的請各位謹記。

接著玄興教尊又在白板上寫下「**同樣是鮮花水果，大小漢怎麼差那麼多！你的祈求神佛有回應嗎？**」直接切入主題，玄興教尊立即往下說：「**最後我要說的即是神回應的方式與印證**。通常有去就有回，所以我們對神有去，當然也有回，而一般神回應的方式有白板的這幾項。」只見白板上寫著：

一、自己接收。

二、抽籤。

三、透過法師對話或批文。

「抽籤的方式是從有形轉無形，無形的部分則是恩師透過籤詩來回應你的疑問，雖說籤詩是看圖說故事，自己看自己悟，念頭在籤上打轉，然而籤詩是具有天地人三才之意涵的，要能深入其意或是有所跨越則是相當不容易，如果學修之人對於籤法容易質疑，這是個人本質的問題，也就是信仰不能深入與虔敬之心不夠所造成。另外，抽籤是內觀、反觀的功課，由於信仰是形而上的，因此常常容易遭到否定，所以要想在籤詩的領域有所突破或成就，除了需要培養信仰、信心、信念外，虔敬之心當然是不可或缺的。」玄興教尊提醒著。

「再來提到祈願為何得不到神的回應，其原因可能有以下這幾項。」玄興教尊邊說邊在白板上寫著：

一、為私利卻有損眾人之利者。

二、所祈之事乃不忠不孝或是不仁不義者。

三、所願者乃違背善良之風俗者。

四、無功無德者。

五、缺乏虔敬之心者。

六、半信半疑者。

七、業力深重者。

轉過身，玄興教尊繼續說：「另外如果祈願所發出的念頭是為負面，那就將成為一種詛咒，即使你法力再高，終究必因違反天理、逆道而行，慘遭難以預測的下場，身為學修之人應深思並引以為戒才是。」玄興教尊語重心長的說完結論，並帶著我們一起讀完祈願文，並要所有人反覆了解並銘記在心，而我則是因為初次知道修行者所需要承擔的責任與壓力如此之大，讓我更打從心底佩服與讚嘆。

宣布下課後，玄興教尊便離開教室，此時看著講台與白板，我突然感受到「緣分」與「注定」的意涵，今日的一切皆映證著我心中的疑問與未知，我想這不是巧合可以解釋的，一切不就是玄興教尊一直告訴我的「玄門山的大門永遠為有緣人而開」這句話嗎？這麼明白的寓意我到現在才知道，是的，我就是「有緣人」，我不必再拘泥於心中的結或是猶疑，只要相信眼前、相信這裡以及相信玄興教尊就好，就像一開始師姊說的「凡事隨順其緣」，跟著緣分走吧！

為〇〇〇闔家平安祈願文

祈願玄靈高上帝暨諸聖仙佛！您的加持庇祐！
加持我的全家家人，讓我們相互和敬，讓我們關愛體貼，
讓我們都感恩互助，讓我們都能廣結善緣和樂相處，
祈願玄靈高上帝暨諸聖仙佛！您的加持庇祐，

祈願讓我合家人等，擁有慈悲喜捨，

擁有尊重包容，精進不懈，

祈願促進長幼之間的溝通，促進彼此之間的和樂，

祈願促進子女能精進努力，促進財務生活的富裕，

祈願全家事業都能更加成就進步，

祈求玄靈高上帝暨諸聖仙佛！您的加持您的庇祐！

祈願讓我全家人，求財富平安都能如願，全家和諧圓滿，

祈願讓我全家人，求生活都能獲得安樂，求事業前途順遂，

慈悲偉大的玄靈高上帝暨諸聖仙佛！

請您賜給我們家人的信心與歡喜，

請您增加我們家人的堅忍與毅力，

祈願讓我們在您的神威庇佑下，都能夠獲得您的顯化幫助，

請您接受我們至誠的祈願！

請您接受我們至誠的祈願！

五、祈願的對象

【第五堂課：我們應該向誰祈願？天地、神、人以及祖靈】

先生老家門口有一棵老樹，聽先生說那是在他未出生之前，婆婆向鄰居移植過來種的，從小先生和兄弟姊妹都會圍繞在樹下聽婆婆說從前的故事，所以對那棵樹感情很深。不知為何，此時看著這棵樹的我，腦海中竟然浮現「能夠將樹木照顧的如此生氣盎然，或許婆婆也有我不知道的柔情吧！」

「柔情？怎麼可能，我在胡思亂想什麼！」意識到自己的「荒謬」，我從蹲姿瞬間跳起變成站姿，因為我竟然對婆婆有著與過往不同的「評論」，猛力甩了甩頭，想到廁所洗把臉讓自己清醒。

從前門走到廁所中間過程會經過神明廳，遠遠地，我就看見婆婆在神明廳清理桌上的香灰了，望著神像與祖先牌位，本來猶豫要「迴避」的我，突然間不知道哪裡來的勇氣，就這麼引導我邁開腳步往婆婆的方向走去。沒錯，我想你們也應該都不知道發生什麼事情了吧！老實說，我也不知道自己怎麼了，但就是有一種聲音在我腦海中盤旋，彷彿在告訴我「**心若改變，態度就會跟著改變；態度改變，習慣就會跟著改變；習慣改變，性格就會跟著改變；而性格改變，則人生就會跟著改變。**」

「媽，有什麼我可以幫忙的嗎？」我輕聲地開口說著。感覺婆婆的背影頓了一下，不過果然是見過世面的長輩，只見婆婆從容不迫的轉身指著神明桌底下的抹布說：「你去裝水用那一條抹布把桌子擦一下吧！」接著又轉身繼續清理香灰。

我順從的應了聲好，但心中卻想著，假使這是從前的我，一定會覺得婆婆這樣的態度與說話方式相當不友善，但現在的我卻有種「這應該是婆婆表達善意的方式吧！」，於是拿起抹布我走到洗手台，用洗手台架上的小臉盆盛了水，再走回客廳，準備用沾溼的抹布擦拭桌子，而婆婆此時已經開始整理神明廳旁的小櫃子，接著，我們倆人都「認真」的埋首於自己手邊的工作，彼此都未有交談。

其實擦拭桌子是相當「簡單」的工作，所以我完成之際婆婆還在整理櫃子。我正準備開口向婆婆表達工作已完成時，婆婆背對著我開口說：「我聽阿宗說妳好像在我們這附近找到一間道場，每次吃完飯都會急著去上什麼課是嗎？」喔，我忘了說，阿宗是我先生的名字。

有點出乎意料但也不覺得意外，先生將這件事情告訴婆婆，於是我坦然的回應：「是啊，媽，那是一次無意間發現的，叫做玄門山，由一個名叫玄門真宗的教脈設立的，很有特色的地方，可以是修行的道場，也可以是休閒的境地，至於上課，也稱不上啦！只是和那裡的教

會下沉，這實在是再自然不過的現象，怎麼會跟善因緣或惡因緣有相關呢？

佛陀接著問弟子們說：『如果有塊石頭像老虎那麼大，放在河上不但不會沉入水中，而且還能過河而去，甚至一點都不會沾濕，你們說說看這是什麼原因呢？』眾位弟子思索許久，但始終想不出其中道理，於是佛陀說：『那是因為那塊石頭有善因緣，而它的善緣就是船。將石頭擺放於船上，石頭當然能不沾溼的過河啊！而人也是如此，只要能廣結善緣，時常幫助他人、真心關懷他人，做事哪有不能成就的道理呢？』」故事說完了，但感覺其中的寓意相當深遠，所以底下的師兄師姐們個個不是低頭沉思就是仰頭閉目，似乎在細嚼剛剛故事的深意。

而我坐在最後一排靠窗的位置上，繼續認真聽玄興教尊講課。

「有一句俗語說『有人斯有財』，或許乍聽之下你無法了解箇中含意，但簡單來說，這句話就是『人脈等於錢脈』的意思。現今社會的進步，讓各行各業都如雨後春筍般的應運而生，而在經濟快速成長的時代巨輪下，人與人之間的關係也產生了微妙的變化；過往農業社會所接觸往來的通常都是關係密切的親戚朋友，彼此往來頻繁，互動亦熱絡且單純，但由於社會型態的更迭轉變，現在雖然生活機能方便、進步，彼此居家更為緊鄰，不過人與人之間的互動卻變得冷漠而複雜，即使是樓上樓下，甚至是對面而居的人家多互不相識，各不往來。

在網路的世界中我們也可以看到類似的情形，現今臉書『FACEBOOK』盛行，許多人互加好友，甚至多達好幾百個好友人數，但你可曾一一的了解過，這些洋洋灑灑展示在你臉書好友頁面的『朋友們』，你真正認識的有幾個呢？」沒想到玄興教尊舉了FACEBOOK的例子，果然相當能夠跟上新世代與潮流，我內心默默佩服玄興教尊，但抬頭一看發現玄興教尊正意味深長的看著我，彷彿在暗示我已經神遊的事實，於是我趕緊回過神來。

玄興教尊又繼續接著說：「我們現今所處的社會型態與各行各業大多是與人有密切的關連，甚至是從人為出發點所開創的服務，不再只是過去一般如農夫面對農作物與大自然的狀況了，現在如想事業成功，第一步便是要有良好的人際關係；要想升官加爵，除了實力之外也需要貴人提攜拉拔；希望生意興隆、財源廣進，更是需要人脈的促成，以上種種都說明了人際關係之重要，以及廣結善緣的必要。

因此，以上諸多例子均指出，與人結善緣是生存於現今社會中不可或缺的潤滑劑與催化劑，因為即使你能力再強、工作再認真，在這個講求團隊合作、同心協力的世代中，若處處與人結怨、惹人討厭，也是無法成就順遂事業的。」

話鋒一轉，玄興教尊開始說：「接著讓我們回到祈願的重點上，**祈願的修練是讓自己成**

為能量的接收及轉化體，因而可以和天地、神、人還有祖靈的溝通對話，相對的也可以成為祈願的對象。」玄奧教尊說完之後就轉過身往白板上寫著：

一、天地。

二、神靈。

三、人。

四、祖靈。

「人居於天地萬物之間，而天地萬物都具足能量，因此，當你能透過修習而成為能量的接收及轉化體時，你不但能藉助天地萬物、甚至是神靈的能量來強化自己，讓自己因與天地萬物甚至是神靈的能量融合而獲得改變與成就，進而更能因慈悲心量的修習，透過祈願為天地、為萬物、為你身邊的親朋戚友、為你往生的祖先、為一切有情眾生祈願。所以，各位一定要知道，祈願的能量來自天地、來自萬物、甚至來自天地諸神靈，你想獲得這些能量的庇佑，務必先發願為天地一切眾生、包括親朋戚友、祖靈……等祈願，**因為唯有修習真正的慈悲才能讓你的身心靈改變，成為能量的的接受及轉化體，這是法訣，各位一定要清楚。**」

「在此，我們針對大家比較好奇的神靈、祖靈的部分略作說明。」玄興教尊邊寫邊說明，然後玄興教尊將祖靈部分的內容寫於白板上：

一、神靈的部分：

（一）自然神。

（二）聖神。

（三）杜撰的神靈。

（四）民間習俗的神。

玄興教尊接著講解著：「自然神就是以天地自然萬物為敬仰崇拜的神，例如太陽神，月亮的太陰神，山神、河神、樹神、也有以天地宇宙演化思維的神，例如開天闢地的盤古大帝、無極神靈、天父、天母……；聖神則為真實的歷史人物，因有豐功偉偉業或犧牲救渡的史蹟而被後世的人推崇敬拜，例如三國時代的關公、宋朝的岳飛……

杜撰的神靈，以大家熟悉的封神榜為代表，還有西遊記的齊天大聖……民間習俗的神，則有因地方的俗例及人情事物而延伸敬拜的神靈，例如拜床母神、百姓公、義民爺等。」

教尊又在白板上書寫著：

二、祖靈的部分：

（一）有主祖靈。

1.祖先（自己或別人的祖先）。

2.名份承認：如地基主公（地基陰）、石頭公、樹王公、宗烈祠。

（二）無主祖靈。

1.遊魂。

2.孤魂。

3.無主家神（地基陰的前身）。

「我們先說**有主祖靈**的部份，第一是祖先，我們過去習慣說別人家往生的人為鬼，卻不說自己往生的祖先為鬼，在玄門真宗恩師的教導下，我們對別人的往生祖先也應該尊重，所以不能說別人的祖先是鬼。地基主公是從無主祖靈變為有主祖靈，因其經名份承認，所以祭拜時需向內拜；另，外陰公其名份不屬於內，因此需在門口敬拜；而百姓公廟只是一個統稱名詞，百姓公廟內聚集眾多祖靈，猶如收容所，至於萬應公、眾善堂、百姓堂也是類似此一概念」。玄興教尊說完之後，我對這些平常均有耳聞的「鬼」，才真正有些了解，原來過往對他們的認識是錯誤的啊！

「然後是無主祖靈的部分，在無主祖靈中，遊魂、孤魂皆失去名份的承認，雖說遊魂、孤魂是失去名份所造成，但其失去名份的原因則不一而定，舉例來說，有所謂的『有口諾者』，如：有位師姐生前與婆婆吵架，氣憤的說：『以後死也不入你家的公媽牌』，所以死後即使再三招魂，她因生前的口諾，仍然無法回到這個家認祖歸宗，這個例子相當重要，我們必須要知道的是，雖然人在生前總會有說過的話不算數，但在往生後自己生前所說的話，就會猶如一道牆形成屏障、阻隔，導致往生後只能在家門口徘徊，無法入家而成為孤魂。

至於無主家神則是地基陰前身，其格比孤魂、遊魂高，例如：空地許久沒人拜的祖靈就會成為無主家神，這對從事建築業、仲介業及空地很多的地主來說，假使沒有回饋，也有可能就會沾惹到無主家神，甚至因此而導致事業走下坡的現象。」

這些平常我們一般人常常提到的「好兄弟」，原來還細分那麼多階層，真的是讓我學到不少「知識」！

正感嘆之際，玄興教尊已經在做結尾，帶領大家祈願……

為〇〇〇歷代祖先宗親祈願文

慈悲偉大的玄靈高上帝暨諸聖仙佛！
我要虔敬對歷代宗親的感恩與祝福，
因為我們現在能夠安居樂業，
這都是歷代宗親辛苦勤儉努力的結果，
我們的宗親等為了後代子孫的幸福，堅忍創造成就祖德，
慈悲偉大的玄靈高上帝暨諸聖仙佛啊！
我祖先親人雖已離我們而去，
但是祖先的典範仍然留在我的心中，
我願承續祖先堅忍的風範，我願學習祖先禮義的教誨，
慈悲偉大的玄靈高上帝暨諸聖仙佛啊！
祈願我的祖先都能得生圓融國度，受諸妙樂，
祈願祖先宗親都能圓滿圓融，福慧安住，幸福永在，
慈悲偉大的玄靈高上帝暨諸聖仙佛！

我祈願效法先人的美德，努力成就利益後代子孫，
祈求您能加持我們，學習先人的教訓，
奉獻所長，服務大眾，
慈悲偉大的教主玄靈高上帝暨諸聖仙佛！
祈求您接受我虔誠的祈願！
祈求您接受我虔誠的祈願！

此時我也突然發現我已經能夠開始融入於課堂之中，這不僅代表我可以漸漸忘卻家族聚餐時的爭執，更甚者，是不是也表示我心中的結已經逐漸的打開了呢？

意會到這部分的我感到相當雀躍，很想與人分享此刻的心情，此時就像有默契一般，玄興教尊向我走了過來對我笑了一笑：「有緣人，許多事情無論大小，對於妳來說可能都是一大進步，而我也很高興妳在這麼短的時間內就有如此的收穫。有緣人，相信自己，也相信妳內心的信仰，期待妳會有更多發現與突破的那一天。」簡單幾句話就讓我感受相當深。

我充滿欣喜與感激的看著玄興教尊，此時窗外的風吹拂過樹林，揚起一陣樹梢擺動，如同我內心的激昂，久久不停。

六、祈願的原理

【第六堂課：你想美夢成真嗎？——化意念為力量的法訣】

「妳在想什麼啊？那麼出神，連倒茶小妹和剛剛那個新來的工讀生都發現了！」進來我辦公室遞交案子的秘書這麼問我，此刻我才突然回神，笑了一笑，半開玩笑的邊說「正在想著情人」邊將案子收下放在桌上。

玩笑幾句之後秘書就走出辦公室，離開前還貼心地說要幫我去知名咖啡店排隊買咖啡，因為今天剛好有買一送一的促銷，見她如此關懷，我點了點頭，向她表示感謝。

坐在位置上，思緒又回到剛剛，讓我失神的是……上星期六家族聚餐的事情。

經過上次和婆婆的短暫接觸，我自己認為我可能離玄興教尊所說的「祈願」不遠了，因為有一種強烈的念頭催促我去嘗試拉近與婆婆的距離，而且也感受到自己似乎按部就班的循序漸進，這些都讓我感到相當雀躍，如同在工作上得到的滿足感一樣。

「原來如此，我常常在婆婆那裡碰軟硬釘子，使得我對於『婆婆』二字只會聯想到負面印象，當然對於家庭聚餐，甚至是婆婆本人也有所畏懼或是厭惡，但經由上次的破冰，一切似乎有了些許轉機！」我得出如此的結論。

雖然對婆婆開始有了一些不同以往的想法，使我在想到婆婆（其實等同於家庭聚餐）這件事情上面少了許多焦慮與不安，但我依舊不敢太急切的自以為是，擔心這樣的狀況是一時的、擔心這只是假象或是我的幻覺，擔心……欲速則不達，於是為了要更確定婆婆的態度與心情，我決定在家庭聚餐上，多釋出一些善意來觀察婆婆的反應，而平日也要去電詢問婆婆是否有中意的水果，我將於家庭聚餐帶過去，藉此機會增加與婆婆的互動並探究其心意。

主意打定之後我感到無比舒暢，急著想要與先生分享此事，連秘書端著咖啡走進來都沒有注意到。

「妳怎麼好像有些不一樣？整個精氣神都好多了。」一進辦公室的秘書劈頭就這麼問我。

「那是因為我的情人給我非常好的精氣神啊！」我心中的信仰，就等同於我的情人，我在心中補充著。

「好啦，看著妳恢復我也放心多了，不然我還擔心妳是不是最近壓力太大，正想要建議妳先休息一陣子再回來上班呢！看來我的擔心妳多餘囉！」秘書開心的說著，並將咖啡放在桌上「哪，咖啡在這裡，喝了再上！」說笑間秘書已經走出辦公室，我看著窗外的大樓林立，想到玄門山的樹欉高聳，不得不說，有些緣分、有些機緣真的是可遇不可求，我在內心告訴自己一定要把握住如此的機會！

※※※

「我想你們應該都有聽過我從前很愛說的一則『藏斧頭』的故事吧，考考大家，有沒有人還記得呢？」又到了同樣的時間，同樣的地點，最後一排靠窗的位置上坐著我，而玄興教尊正在講台上講著課；只見玄興教尊向著師兄師姐發問，微笑但卻似乎了然於心的看著大家。

此時有位師姊舉起了手：「玄興教尊，各位同修，如果不嫌棄的話我就將這個故事再重說一遍吧！」

玄興教尊帶頭鼓掌，而其他師兄師姐們也都隨即加入，於是此位師姊開始說故事：「曾經有一位樵夫，為了生計需要每隔一段時間就上山去砍柴變賣，由於常常上下山，也都將砍柴的斧頭帶上又帶下的，突然有一天這樵夫覺得這樣將斧頭帶來帶去真是麻煩，於是他就決定將斧頭藏在山上，為了防止斧頭被偷，這件事他沒有告訴任何人。

這一天，又到需要上山砍柴的時候了，但樵夫屋前屋後的找了半天，卻始終沒有那把他維持生計的斧頭蹤影，原來樵夫忘記自己將斧頭藏在山上，於是遍尋不著斧頭的他，開始懷疑自己斧頭一定是鄰居的小孩阿明偷走的。從那天起，每回他只要看見鄰居的小孩阿明，就覺得這阿明賊頭賊腦，就連一舉一動也都鬼鬼祟祟的，相當令人起疑。樵夫觀察許久本想找阿明問個清楚，但苦於沒有證據只好作罷。

經過一段時間之後，有一次樵夫再度上山去砍柴，竟無意間在草中發現自己的斧頭，這才赫然想起原來斧頭是被自己藏起來的，從此，樵夫再看見原本認為賊頭賊腦的阿明時，就覺得這孩子長得一副乖巧活潑的樣子，怎麼看都不像是一個賊啊！」停頓一下之後，師姊向大家表明故事已說完並靦腆的坐下，而玄興教尊笑著讚揚師姊的記憶力，連故事的細節都清楚的記下並鉅細靡遺的向大家分享了。

接著玄興教尊開始訴說故事的意涵：「這個故事有一個相當明顯的重點告訴我們，其實實際的情境沒有任何的改變，唯一有變化的只是樵夫的心境和覺知，非常不可思議吧！心境不同，認知改變，竟然連帶的讓感覺和態度都一百八十度的轉變，所以無論事情多複雜、問題多麻煩、工作多不順利、感情如何糟糕，也許只需要轉個彎，轉換不同的思維模式，一切都將會迎刃而解，而這正是山不轉路轉，路不轉人轉的真實道理嗎？」其實這個故事我從前聽過，每每聽都有不同的感觸與想法，起初總認為樵夫很可惡，而小孩（阿明）很可憐，後來就會開始了解，原來故事背後所要告訴我們的寓意是相當真切的，如同玄興教尊所說的：「心境」真的會影響一個人，而成敗也往往都決定於心境！

只見玄興教尊又繼續往下說：「再透過一個故事讓大家了解另外一個道理；在美國有所

小學老師，他在一次課堂上，出了一道名為『我的志願』的作文題目，請班上同學寫下自己可以真實實現的志願。這個題目讓班上同學絞盡腦汁，不過此時有位同學相當雀躍地寫下自己的志願：『我的志願——我希望以後能夠擁有一座二十公頃的莊園，在莊園中建設小木屋、遊樂設施、休息的中心以及露營烤肉區，而且會在這片土地上種滿舒適且宜人的綠草。』

數日後，老師將作文簿發還給全班學生，希望擁有莊園的學生，拿到作文簿時，相當期待自己的分數，以及希望能得到老師的讚許，但當他興奮地翻開一看，作文簿內竟然是被老師劃了一個很大的『×』。此位學生感到驚訝，並且再度將自己所寫的文章內容再看一遍，心中想著『沒錯啊，這是我的志願啊！』於是百思不得其解的他，便鼓起勇氣拿著作文簿去請教老師。」

講到一半，玄興教尊突然停了下來，意味深長地看著大家，並且開口問：「各位想想，老師會給什麼樣的答案呢？」

只見師兄師姐開始交頭接耳，不一會兒，有人發出聲音：「因為錯字太多。」「不是啦，一定是因為字數太少！」一位師兄開玩笑的說著，讓所有人都哄堂大笑，只見玄興教尊也大笑稱讚此位師兄相當有創意。

「但，這都不是答案。」玄興教尊說。

「老師看過作文簿後告訴他：『做人做事應該要實際確實，不能夠好高騖遠或是空想妄想。』學生據理力爭對老師說：『但這真的是我的志願啊！』不過老師依然堅持自己的意見，並且對學生說：『你這樣的志願只是空想，根本不可能做得到，所以我希望你能重寫一些實際一點的志願。』聽到老師這樣說，學生更加堅定地對老師闡述自己的想法：『老師謝謝您，但我很清楚我的志向，相信我一定能夠做到並且實現的』。不過呢，即使學生經過如此地重申，老師依舊不為所動，最後他甚至要求學生：『如果你不願意重寫，那你這篇作文將會不及格。』當然囉，學生也堅持自己的志願是對的、是能夠實現的，所以說什麼也不願意重寫，最後此位學生的這篇作文就真的不及格了。

數十年後，老師依然在杏壇服務，有一天，學校舉辦戶外教學，於是這位老師帶著一群學生到一處風景優美的度假勝地去旅遊，這裡不只能讓學生們在烤肉區盡情的烤肉，也可以在休憩中心休息或是舉辦活動，所以學生們都開始進行活動並且玩的不亦樂乎，此時有位中年男人走到這位老師的身旁，他向老師自我介紹，並且詢問老師是否記得當年那一篇不及格的作文——「志願」，原來他就是當年那位作文不及格的學生，眼前這片優美的度假莊園就是他奮鬥的結果，他已實現小時候的夢想與願望了。」故事說完了，我們對於堅持讓夢想成真的這位學生，感到相當訝異且欣賞，而且我還可以從師兄師姐的反應看出，所有人都非常讚賞與激昂的，這真的是將夢想實踐的最佳案例啊！

「從『人因夢想而偉大』到『有夢最美，希望相隨』，以至於最近廣告中的一句台詞『不放手，直到夢想到手』，這些都再再說明，要想成功的第一步就是要先有夢想，而夢想是否能夠實現，則端賴意念是否能夠轉換為力量了，如果意念無法轉換成力量，則你所謂的美夢就會成為空想、妄想，變成痴人說夢話，反而會讓人瞧不起或是嘲諷恥笑。有位名人曾經說過『成功的祕訣，在於我們先把握住心裡所想到的成功輪廓。』所以意念要能夠化為力量，就必需經過不斷的練習以及堅持，並且要心無旁鶩、專心一意，如此一來，你還怕不能成功嗎？」玄興教尊似乎是在激勵與鼓勵大家。

「那我們暫時休息一下，十五分鐘之後繼續。」玄興教尊將課程暫停，讓師兄師姐休息一下，而我因為旁聽了數堂課，大家對我這個「有緣人」也都有了一些認識，大多會在休息時間跟我打聲招呼，使得我在此相當自在且隨意，不需要拘泥或是感到尷尬，一切似乎就是如此自然，彷彿我置身於此許久一般。

和師兄師姐寒暄完之後，我趁著一些空檔，走出教室外面，更加貼近大自然的呼吸，循著樹林的脈博，我跟著心跳一起舒緩。

「夢想啊……」我輕嘆了一口氣，現在的我也似乎是實現了某部分的夢想，有一份穩定且有成就感的工作，以及一樁看似美好的婚姻。

「這樣在外人看起來，我好像也是愛情、事業兩得意的人呢！」我失聲笑了出來，覺察到了當初我所羨慕的那些人，有可能在不為人知的地方也有我不知道的難處吧！而我呢，也有可能是別人所羨慕的對象啊！

就淺意來說，我還真的實現了我小時候的夢想——「有一個可以賺錢的工作、有一個愛我，而我也愛他的人」。想到這裡我有些惆悵，我愛我先生嗎？我想應該是的，只是，似乎還不到那麼深刻，真正的原因是什麼呢？我自己也不知道。

「所以我的夢想基本上只差一個要素就要完成了呢，看來，我應該要找出那個我最愛的人或是加深我愛我先生的程度了。」在我半開玩笑的想法當中卻有些許認真，但就在此刻，忽然間我的腦海閃過一個念頭。

「最愛的人？難道是小孩嗎？所有的女人都因母性而有母愛，母愛也是全世界最偉大最無私的愛，難道是……」想到這裡時，我聽見師姊叫喚我的聲音：「準備要繼續進行課程囉！」罷了，人因夢想而美，我還是繼續保留我的夢想，期等待真正實現的那一天吧。

※※※

回到教室中坐下，玄興教尊已經站在講台前，而白板上也多出幾個主題了。「我們首先要說的是**化意念為力量**。」玄興教尊指了一下白板。

「至於祈願要怎麼樣才能有所感覺，並且化意念為力量呢？其實就如同練氣功一般，神的力量必須透過心的感動↓意念↓氣↓力↓加持給對方，所謂神的氣就是念頭到那兒，氣就到那兒。曾經有個真實的案例能說明這樣『神氣』的流動，有一群人在台灣對美國的患者祈願，結果透過神的轉換，讓氣無遠弗屆，使身在美國的患者都能感受到效果。這個例子的重點就是要告訴大家，必須要有強烈的信念方能成功，而信念越強祈願的力量也就越大，如果你內心有一絲一毫的懷疑，那祈願就沒有力量了！所以當你對祈願的架構、原理及產生的功效均清楚明白後，就更應該要強化自己的信念、堅定自己的信心，如此才能將祈願的功效發揮淋漓盡致、百分之百，甚至也能感受到祈願的力量是無遠弗屆、無處不在的。」聽了玄興教尊說完之後我忽然發現，其實這和著名的「吸引力法則」有異曲同工之妙，關鍵都在於你內心的信仰（信念）是否堅定。

接著，玄興教尊又指向白板上寫著的第二個主題**修練的方法**。

「你曾經在筆記本上寫下一句或一段要給關心對象的話語嗎？」玄興教尊一說完，立刻就衝擊了我的內心，我驚訝的正襟危坐仔細聆聽。

「無論是曾經想過或是突然有所感應，給關心對象的一句話，不只用想的而是用書寫的方式，你有嘗試過嗎？其實要真實打從內心發出關懷的功課並不容易，所以我們必須要強迫自己去想、去思考，如此一來，祈願的力量也才能出現，並且透過天天想的念力練習，才能啟動自己的力量與念力。

你要思考：

如何給予對方祝福？

要怎麼樣為對方祈願？

當恩主賜予力量給你時，你可以為對方做些什麼？

心想→意念→氣感→再轉成力量。

祈願的修練原理就是將這些真誠的祈願，從心想→意念→氣感→再轉成力量來進行修練，重要的是，如果心想不強烈，念頭的念力無法啟發，那就沒有力量，這是必須要謹記。」當頭棒喝！看來我之前想了那麼多，希望與婆婆互動的方式有可能會變成空想，這重要的資訊我很慶幸在這時聽到玄興教尊的「提醒」（我私自的認為這是「提醒」，可能是因為過往課程中總是會有這樣的「緣分」，一再的透過玄興教尊的「提醒」，然後幫助我改變與理解。）

這麼一想，確實，我往往都因為沒有及時將想法記錄下來而遺忘，此刻我腦海中充滿著「幸好、還好還好、好家在」等等慶幸的字詞，差點就沒有聽到玄興教尊接下來所說的話了。

「讓我們**『從書寫一句話或一封信的方式，來強化自己」心想的修法培養，透過『心想』才能落實轉化為『意念』，進而成為『氣感』，成為有效的『力量』**。

心想的修法必須經由書寫的方式才能轉化，因為人的想法是平面的，如果對方沒有觸動你的感知，就表示你的心想不夠力量，再者從『外相』的著力點也是修法的要訣之一，所謂想法想法，沒有想哪來的法，因此沒有想法的人是學不到法的，學法之人必須虔敬的將恩師及老師的法相放在心中，從前修行者學畫符令時，要將恩師、老師的法相牢牢地記住才行，所以試問自己，當你書寫一句或一段話時，是輕描淡寫？還是真的想著對方的外相而寫呢？

過去曾經有一個人想追女朋友，於是詢問我該如何追求，我先請他寫一百封信，書寫的時候要真心誠意地想像著對方，於是照做的他寫了五十封時就追到女朋友，原因為何？那就是因為他天天想、天天寫，讓自己的想像化成意念，再轉成氣感，進而成為有效的力量，終於讓對方也有感受而答應其追求。

看到這裡，你是否也想要開始嘗試與體驗書寫的超能力呢？不需要再遲疑，想到了就去做吧！」不等玄興教尊說完，我已經先行在筆記本上，記上週一要問候婆婆的話，以及水果的事情；實不相瞞，雖然我已經想到要詢問婆婆想吃的水果一事，但事後由於工作和瑣事纏身，等到我想起來的時候已經來不及了，你們看，這不就是一個活生生血淋淋的例子嗎？所以我當然毫不遲疑的記錄下來。

「接下來……」玄興教尊指著白板上**透過『心想』來強化念力應把握之要點**的主題：「當我們用『心想』來轉換成念力，重點在於書寫的時候要想像著對方，才能透過書寫而轉換成意念，最終便能產生力量。你們再看一下這裡……」玄興教尊請我們看向白板，上面寫著：

初期心想的過程有其要點如下：

一、心想著這個人的相貌及動作。

二、心想憶起對方的說話聲音和音頻。

三、心想過去與對方的某一事段。

玄興教尊又說：「而這也是訓練念力的一種方式，透過心想的念力來幫助對方加持對方。另外也可以從寫出『名字』來強化心想，而在心想書寫對方的名字時還要輕呼著對方的名字，所以透過『想』來強化念力、強化『意念』，使意念化為加被的『神氣』『力量』。」原來如此，看來想還不能只是空想，必須要「有憑有據」呢！

說到這裡，只見白板上有個主題，「**祈願能透過任何物品而轉化成力量**」玄興教尊開始說著這個主題。

「你們先看一下這裡。」玄興教尊指著白板請我們看著，而白板上寫著重點：

祈願的力量還可以透過以下物件來轉換成力量：

一、人的本身。

二、名字。

三、相片。

四、衣物。

以上這些物件都是有強化祈願力量的媒介，所以祈願修習或加持完全都不認識的人，其實是比較難對應法界的因緣，因此有些人想替朋友消災，我們建議以其認識的朋友為佳，而且因熟識度的不同，也會造成進行加持祈願祈福時的效力層次有所不同，越熟識的加持程度越強，越不熟悉的其效力就會相對減弱。

另外祈願祈福消災是一個有來去的層次問題，你憑什麼幫他消災呢？這也是一個須要深入了解與學習的「因緣、業緣、業報」層次功課，意思是說，你我有對應因緣，而你的「因緣、業緣、業報」也有對應因緣，所以修行者必須透過深入了解查辦你的「因緣、業緣、業報」對應因緣關係。

故我們修習祈願必須深入了解「因緣、業緣、業報」的真實意涵，如此才不會有所迷惑，另外，宇宙法界就是生命，我們講生命就是講真法，因此修道必須從生命的本質去了解，依其層次與方法深入研究與探討，如此才能超生了死達到真實圓滿圓融的境地。」只見師兄師姐們此時都認真專注無比。

「很快的，我們進入今天最後一個主題。」玄興教尊向我們說著，白板上的最後一個主題是**祈願就是你的生活一部分，就像你一直在呼吸樣**。

「我要告訴大家的是，祈願是每個人都需要做的，也是生活中不斷在發生的事，他是你生命的主軸，就像呼吸一樣，隨時都存在，所以它是你日常生活中的一部分。

在修習祈願大法過程中，如果你想要達到透過祈願的力量去加持他人的程度，則必須修習相當長的時間。要不斷的透過修習**強化自己『心想』，透過『心想』落實轉化為『意念』，進而成為『氣感』，成為有效的『力量』**」。停了一下之後，玄興教尊向師兄師姐們表示今日的課程相對深奧，且由於提到許多修行所必須了解之重點，所以玄興教尊提醒師兄師姐們，課程結束之後一定要認知且理解，最後也要求大家要實踐課程中能具體做到的行為或任務，接著，帶領大家在祈願聲中結束課程……

為〇〇〇求財運福報祈願文

大慈大悲的玄靈高上帝暨列聖恩師呀！
我要向您祈求獲得人間真圓滿的財富，
祈求給我及全家健康的身體，祈求給我智慧的頭腦，
祈求給我勤儉的美德，祈求給我寬廣的胸懷，
祈求給我內心的智慧，祈求給我世間的善因緣，
大慈大悲的玄靈高上帝暨列聖恩師呀！我希望擁有財富，
是想得到慈悲真愛，是想要得到溫暖平安的居家，
是想得到廣結善緣的人際關係，是想要得到長養全家人的慧命，
我祈願以熱忱、勤勞得好善緣、信譽尊重的財富，
我祈願以喜捨、正知見獲得真理的財富，

大慈大悲的玄靈高上帝暨列聖恩師呀！
祈求您加持，讓我懂得以智慧運用錢財，
做一個為世間創造財富的人，
做一個能供給家人財富的人，
做一個能供給社會眾生財富的人，
大慈大悲的玄靈高上帝暨列聖恩師呀！
請求您接受我至誠的祈願！
請求您接受我至誠的祈願！

七、祈願的功效

【第七堂課：有拜真的有保佑嗎？有求必應的妙法】

餐桌上，突然感覺先生用手肘碰了我一下，我抬起頭疑惑的看著他，發現他正示意叫我注意，原來是婆婆在餐桌上提起我幾天前打電話詢問她關於水果的事情，而且還叮嚀大家餐後要記得享用我帶來的水果，看著大家聚集的目光，我不好意思的低頭吃了一口白飯，緩解我的不好意思。

不過此刻我也才驚覺，原來平常的我，在家族聚餐時是那麼分心，可能是為了逃避或是不願意融入，因此我似乎常常神遊或是放空，也是由於今日的「機緣」讓我發現此事，我想，我會如此的目的應該是為了不加入餐桌上的任何話題，更深一層也是保護自己不聽到婆婆的挑剔言語吧！

所以當今日婆婆在餐桌上，當著所有人的面「輕描淡寫」的說出水果還有電話的事情時，可想而知我是多麼的驚訝……

突然，「咳咳……」玄興教尊的聲音在我耳邊響起，有些不明所以的東張西望，赫然發現原來我已經身處在玄門山了，再仔細一想，餐桌的對話都已經是中午的事了，而我現在正坐在最後一排靠窗的位置上。

趕緊回神，發現玄興教尊正意味深長地看著我，感到有些困窘，於是我趕緊拋開不必要的思緒，讓自己回到課堂上。

「這裡有一則小故事分享。」玄興教尊清了清喉嚨說：「曾經有位動物學家，他相信所有的動物和人一樣，都具有很高的靈性，只要加以訓練，動物也一定能和人一樣完成許多事。動物學家為了證實他的想法是對的，於是他開始對一隻跳蚤進行舉重訓練，希望這隻跳蚤能舉起比牠還重的東西。開始訓練的過程中，他一次又一次的失敗、一遍又一遍的修正，雖然辛苦但動物學家從不灰心放棄，反而更加耐心的嘗試各種可能的訓練。於是，時光一去不復返，經過許多年後，由於動物學家全心全意的投入訓練課程，因此沒有時間與家人相處，而家人也無法諒解動物學家的行為，所以妻子兒女便相繼離開他了，此外，動物學家也因沒有時間與親友往來，讓親友覺得他為了訓練已經無可救藥而疏離他，此刻的動物學家儼然成為了孤單老人，因為放眼望去，除了接受訓練的跳蚤之外，他已經沒有其他的家人或親友了。

動物學家的生活是既孤單又無助，況且何時能訓練成功，對動物學家來說也是未知數，因此他心中承受著非常大的壓力，為了要紓解內心的壓力與寂寞孤單，於是他開始每隔幾天就到研究室附近的一家酒吧喝酒，並藉機與酒保聊天談心，紓解一下內心的苦悶，自此之後，這位酒保就成了動物學家唯一的朋友。

又經過幾年的光陰，皇天不負苦心人，動物學家終於訓練成功了，他內心的激動難以言喻，興奮地想要找人分享他的成功與喜悅，就在這時才發現他最想分享的人是當初與他最親近，但卻離他遠去的親人，動物學家相當失落，但就在此時，他忽然想起他剩下的唯一人類朋友，酒吧中的酒保。

興高采烈的他帶著跳蚤走進昏暗的酒吧，坐在老位子，並且一如往常的點了一杯酒，為了要製造驚喜，動物學家趁著酒保轉身倒酒的時候，悄悄將這隻訓練成功，能夠舉重的跳蚤放在吧檯上面。

『來！教授！這是您要的酒。』酒保拿著酒放到動物學家面前。

此時動物學家故意露出驚喜狀，並且提高聲音說：『你看，這裡有一隻跳蚤…』

話尚未說完，只見酒保以迅雷不及掩耳的速度，啪的一聲，將動物學家花費數年訓練的舉重跳蚤以及訓練跳蚤所用的啞鈴，一巴掌打糊在吧檯上，並用抹布將吧檯快速擦拭乾淨，一邊擦一邊致歉說：『教授，真是相當對不起，這吧檯明明我才擦乾淨的，怎麼會跑出一隻跳蚤來呢？一定是從剛剛那位骯髒的工人身上跳出來的。』嗯，故事說完啦！」玄興教尊看了一下師兄師姐們，只見大家表現出錯愕或是驚訝的表情，接著哄堂大笑，頓時間，整間教室笑聲四起，連我都加入行列，待笑聲稍微「收斂」之後，玄興教尊又繼續往下說。

「所以說，你曾經想過人生的定義為何嗎？又，人生的目標是什麼呢？或許因為各人的需求不同，而有迴異的追求方向吧！我們都知道，有些人要榮華富貴，有人想位高權重，也有人要億萬家財，還有人想功成名就……凡此種種，都是因為志向不同，人生的方向以及生活重心就會有所差異，而付出的時間與精力當然就截然不同；但在追求的過程中，也許身體累垮了、心靈空虛了，也許疏於親情而家人遠去了，更可能因時運不濟、天不我予而毫無所成，因此，若想讓自己生活過得真實而有意義，想改變一生的命運，或是想擁有圓融和諧的家庭，亦或是讓自己無債一身輕，唯有學會祈願，也唯有為自己、為家人、為親戚朋友、為眾人祈願，才能轉變孽緣的纏牽，累積成就的能量，讓自己的生命發光發熱。」做完此段落的總結之後，玄興教尊向著白板寫下「**祈願的功效**」，接著開始說明。

一、祈福。

二、制解制厄。

三、轉化。

玄興教尊簡單的說明：「祈願是對自己非常有利益又能對外幫助一切眾生的最殊勝修法，

透過修習祈願大法，可以從強化身心靈的能量，轉化自己生命的因緣、業緣、業報，更能全面提升生命的昇華，進入圓滿圓融的境地。而更能在自己祈願修習到一定程度的成就時，可以將能量轉化成對外在的一切眾生的祈福、制解制厄甚至是轉化等等諸多功能。當然，至於能幫助多少幫助有多大，這是要看你的祈願學修深度、能量的大小」話尚未說完，玄興教尊又轉過身在白板上寫著：

祈願的方法來自虔敬修練。

更重要的是，祈願的力量來自於慈悲心、善念心、愛心。

放下筆，玄興教尊說：「祈願的修習方法是虔敬的勤行修練，透過前面一再引述的以強化自己『心想』，透過『心想』落實轉化為『意念』，進而成為『氣感』，成為有效的『力量』的方法，但若要讓祈願的能量強大，就必須具有『慈悲心、善念心、愛心』，這屬於天地法界的力量原理，如此才能讓自己真實獲得祈福成就，進而擁有祈願能力，為一切眾生祈福。

須知同樣的祈願，會因虔敬心的不同而力量有所不同，相對的也會因『慈悲心、善念心、愛心』的不同而造成福德性、法界能量的祈福功效不同。

另外，祈願力量的施與也是一種迴向功德，迴向的祈願祈福，能量是不會減低的，而迴向力量不是給予，是有來去的概念，如點燈功能，有迴向出去就會再迴向回來。如前面幾章所述，祈願首重『慈悲心、善念心、愛心』的發心，更重要是真誠的心。

至於祈願法界能量，除了祈福之外還可以藉法界力量化解災愆，任何人皆可以為他人祈福，沒有回溯的問題，只是能量大小而已，但是若要透過祈願能量為自己或他人制解，這就需要有相當的能量並需要俱足法界傳承及授命的旨令，你一定要知道的是，一切的果報必定有其因，你在制解的當下可能就是冤親的因緣，因此形成對峙或承擔問題是必定會有的，不過若你能把握住，以『慈悲心、善念心、愛心』誠心誠意的發心，則回溯問題就不大，反之，如若態度傲慢、摃高的話，那就不一定了，如同看見別人擔水，發心幫忙協助提水，因而造成自己的手痠一樣的道理。故祈福需有智慧、需有善念，學道之人需要發心善行善念。」原來如此，經由玄興教尊的解說，我才知道原來所謂的迴向是真有其事，還記得從前很喜歡算命或是使用塔羅牌預測未來的事情，但算完之後執行的人（算命師或幫忙預測的人）總是會感到身體疲累，我想這也是類似的道理吧！

「好，那我們暫時休息十五分鐘，下堂課我們要繼續來說說『祈願的功效』，大家可以先思考，自己希望的祈願功效有哪些呢？或者是說你認為祈願的功效有哪些呢？想想看，再來對照我等一下要說的主題。」說完之後，玄興教尊就讓大家先行休息，而我和幾位較為熟識的師兄師姐點個頭打了聲招呼之後，就獨自走到教室外面，享受這不同於都市環境的靜謐氣氛，這不只是屬於玄門山才有的自然與恬靜，也是專屬於我的時刻，每每都讓我心曠神怡，就像上癮一般無法自拔。

※※※

才剛一深呼吸，我就不小心想到中午家庭聚餐的情形，老實說，這至今仍讓我感到相當驚訝與不可置信。

原先我還以為婆婆可能是心情不錯，因此才提起我幫她買水果的事情，但沒想到結束聚餐之後發生的事情才讓人驚訝！

當時我正獨自在廚房洗碗整理，剛好婆婆進廚房拿我已經切好擺盤的水果，要到客廳讓大家一起享用，就在婆婆正要走出廚房時，她突然對我說：「我知道妳等等還要去上課，這些整理完之後就先去吧！不要遲到，對人家不好意思，剩下的這些我再叫你大嫂整理就好。」話一說完，婆婆旋即轉身走出廚房，徒留我訝異與五味雜陳的情緒。

就在這時我才瞬間發覺，表面上看起來我想要為了婆婆去祈願，想要解開我們之間的結，好改善我們彼此的關係，但其實更加深究下去，我只是自私的希望能夠做一個簡單的禱告，然後屏除我與婆婆之間的關係。

這麼突如其來的現實讓我認清，也讓我震驚；放下手中的碗，看著沾滿手上的泡沫，曾幾何時，每每在家族聚餐之後的整理工作，我總是獨自一人在廚房怨天尤人，認為廚房工作繁雜且忙亂，沒有人願意幫助我，但卻不細想，其實每個人都有固定的工作，諸如大嫂需要照料孩子、先生與大哥需要固定檢修老家的屋況與水電等環境巡視，況且我也從未發出任何的請求，希望得到援助或幫忙，只是一昧的將自己推入更不滿的情境，今日婆婆的一席話，不就代表其實一切不過就是我的過多設想與欲加之罪嗎？

此時的我，更加慶幸自己能在玄門山與玄興教尊相識，並且與師兄師姐們進行了那麼多堂課程，突然想起當初那個一心要「為婆婆祈願」的我呢？去哪裡了呢？原來不是消失不見或是隱匿，而是更加昇華的讓我忘卻功利的目的，僅留下真心誠意的「直心」啊！透過每次的課程，我已漸漸將「追逐祈願」進而解開我與婆婆的結，轉變成「了解祈願」所能帶給我的成長與給婆婆的祝福了。

忽然一陣風起，刮了一片葉子停留在我肩上，似乎在勉勵我，也像是在告訴我，沒錯，現在方向正確了，那就更應該要繼續持之以恆。

所以，我邁開腳步，往教室走去，而內心更加真切、更加踏實了。

※※※

回到教室之後，白板上已經出現玄興教尊要向我們說明的功效主題了，其中當然不乏我最心繫的家庭議題。

「那我們先來看第一個。」還不及細想，玄興教尊已經開始進入課程。

「一，**祈願讓你改變一生的命運**。學習修行祈願便能明白祈願不只是求神幫忙，而是應該學會真心面對自己的問題，尤其在修習祈願期間，你的恩師恩主等將會神奇的賜予你力量，讓你力求改變自己，並因虔敬的祈願，你的恩師恩主更會賜予你智慧，使你了知面對問題及改善自己的方法。而在學習祈願的過程中，能磨練自己的心性，學習逆來順受的心境，學會責任與承擔，更應該在強化自己祈願力量的同時，學習只求付出不求回報的概念，那麼豐碩的成果將指日可待，又何愁不能改變命運或是煩憂不能出人頭地呢？」這讓我相當心有戚戚焉，因為就在剛剛我才有所頓悟呢！感覺玄興教尊對我一笑，而我也報以感激的微笑，並繼續認真聽講。

教尊繼續說道：「二，**祈願讓你的家庭圓融和諧。**」

是的，這是我目前最關注的議題了。

「首先我們來看家人冤結產生的原因，先從女性為出發，家庭中的女性若是已出嫁者又回娘家介入娘家的家務事，則所造成的冤結大，因此應注意儘量避免沾惹娘家的爭執點；若是身為媳婦，則應該要學習順從，並學習息止自己的個性習氣，就是讓業緣停止的意思，息止自己驕縱之氣，因為如與小姑、小叔、大伯、妯娌間造成冤結，則此冤結是最不容易化解的；另一方面若因媳婦問題造成兄弟間不講話或對峙，則是會造成更大的家庭問題甚至成了祖怨。因此為人媳婦應注意與了解，來，看一下白板。」玄興教尊請我們看向白板，而白板上寫著：

一、媳婦若與公婆對峙，祖怨最重，怨律第一。

二、媳婦若與小姑不和睦，怨律第二。

三、媳婦若與妯娌爭執，則家運難成就。

四、媳婦若與小叔、大伯不和諧則家族難圓滿。

複誦四點之後，玄興教尊又繼續說：「家族祖怨以這四種狀況為最嚴重。為人媳婦應注意以不違逆、不逃避為原則經營家庭，需要瞭解的是；男人是『娶』一個女人，而女人則是『嫁』一個家，聖凡雙修的概念，透過如此將家庭經營更加圓滿。」聽到這裡我相當震驚，因為我差點就做了家族祖怨最重的事情，不等我驚訝，玄興教尊又繼續往下說。

「再來從親子角度出發，為人父母者千萬不要於盛怒之下打罵小孩，應該要有計劃或是清楚處罰的效果與後果方打罵小孩，否則就會造業；現在有許多人無法成就，大多是因為小時候受到父母的影響，尤其是在某種激烈情緒下讓自己身體出現傷口，那麼此一傷口將伴隨心靈傷痛，潛藏在心的最底層，必須透過每天去撫摸那個傷口，確實面對方能解決，而這也是需要靠往後的機緣或修習才能磨平的，提醒身為父母的你，千萬不要成為傷害孩子一生的第一個兇手。

這裡告訴大家一個真實案例，有一位女子相當中性化，從來沒有穿過裙子，鄰居親友都認為她是同性戀，但她清楚明白自己是為異性戀，卻從不知自己為何會堅持如此中性打扮。有天此位女子前來叩問才發現原因，原來在她的大腿上有一條很長的疤痕，是小時候父親盛怒之下打她而留下的，因此從那時開始她就不再穿任何裙子，即使連國中時要穿制服百褶裙上課，她寧可讓老師罵也不肯穿上百褶裙，於是她將任何發生的事都怪罪於父親身上，認為這包含身心靈等諸多傷痕均是父親造成的，更因此怨恨她的父親長達六、七十年，乃至年老時，此冤結都沒有辦法解開；這個例子告訴我們，在生活上加深小孩的傷痕是最難以抹滅的，因此教育小孩要特別注意。

再補充一點，通常父母在盛怒下打罵小孩，是希望孩子能夠聽話，但其實這樣的效果並不好，不過也不是要你放縱溺愛，不打罵小孩，或是對其錯誤不加以指正，而是應該透過愛的教育來讓孩子有所依歸，而愛的教育應有其條件」只見玄興教尊指著白板，白板上寫有：

一、對孩子講道理——將事情發生的來龍去脈說清楚、講明白，讓孩子理解。

二、訂立規範——與孩子一起訂立規範，並說明以後不能再犯相同的錯誤，否則將依事情的嚴重性給予適當之處罰。

由於課堂上的師兄師姐們部分已有家庭與孩子，因此可以看見他們感受較為深刻，且不時點頭並專注聆聽，甚至在玄興教尊說完之後，更是交頭接耳的互相分享彼此的感覺。

停頓一下，玄興教尊講課的聲音又繼續：「我們再說到**面對家庭問題的態度**。家，是可以容忍家庭成員展現本性的地方，但須謹記的是，家庭雖然是個包容度大的地方，但家庭成員卻不能因此不修飾自己的本性，換句話說，家雖可容忍家庭成員的懶散與任性、也是家庭成員嘗試錯誤的地方、更是家庭成員赤裸面對自己個性與態度的場所，但萬不可因此而如鴕鳥般，不願去面對自我問題。

中國人幾千年來根深蒂固的都是父權思想，所以將男人塑造成一家之主，是家庭的支柱，也正因為如此，許多男性易將家人當作附屬品，尤其常在家中展現威權，這雖是由來已久的觀念，但卻也都是身為男人必須面對的問題，身為男性應該要隨著時代的演變，去修正自己的觀念與態度。

希望家庭圓融和諧就必須要建立屬於家庭的中心思想，其中做人的原則、面對與態度、努力的方向都屬於中心思想的範圍，家中每一位成員都有其責任，為人父母者更需要以此教育子女正確的態度，並且多相互溝通彼此想法，取得認同；此外，中心思想是透過互動、包容所建立的，將中心思想落實於生活當中也是一種祈願的方式，對於家人彼此之間的向心力更是相當有幫助。

當家庭遭遇問題時，應善用釐清、理解、協商、規範、肯定、包容、付出等方式來面對，才能彼此相互成全。

首要先釐清及理解彼此習性，接著再互相包容，正所謂夫妻間床頭吵床尾和，且家人間也無隔夜仇，因此若家庭的問題能透過協商而解決，則子女才不會因而執怨，家人也會減少對治，尤其為人父母者易用自己的態度與觀念否定子女，因而傷害子女的心，故更要學習彼此溝通以及思考。」

這麼說起來真的相當不好意思，因為我與先生每每吵架總是會有隔夜仇，必定要等到一方低頭道歉，事情才能有所轉圜，看起來我們好像不是家人而是仇人了，所以我在心中決定要將今日玄興教尊的課程向先生分享，並且落實在我們的生活上，再加上有了之前我與先生「溝通」的經驗，我對這件事感到相當有信心。

「**培養家人祈願的力量**，祈願可以延伸的範圍相當深廣，而家庭中的拜拜就是讓我們面對人生的祈願力量，所以我們對於拜拜這件事不可小覷，這也正是栽培小孩的基礎，看似簡單的拜拜，卻是代表著家人的祈願，也蘊含著家庭教育的施行，其中更有著傳承，有家族的愛，再者，家人間也可培養共同活動，下列有幾件事可請你全家一起來執行。」玄興教尊請師姐將講義發下，而講義上寫著：

一、年節時一同祭祖：其實平日中神明廳或是祖先牌位的換茶上香，就可以與家人一同來執行，這不但可以讓孩子從小耳濡目染，更在無形中增強孩子的信仰，這也是為孩子的將來鋪路，因為如此，在你前往廟裡參拜時，孩子也會願意前往，以此推測，將來如果往生時，孩子也才願意以三柱香拜拜。

二、發生問題時，引導家人一起解決：除了與家人一同解決外，也可帶著孩子到廟裡上香拜拜，除了為問題或是自己祈福，也可藉此培養孩子的信仰。

三、讓孩子多了解祖先的事蹟：在拜神中，就應把祖先的事蹟對孩子多加說明，例如以前祖先曾從事何事或是有什麼樣的壯舉，但要記得「不講是非」，這是要增加孩子對祖先的認同態度、對祖源的信仰，也讓家庭觀念植根。

講義發放完畢之後，玄興教尊繼續往下說：「最後則是**祈願的功課——生日祈福**。其實生日祈福也是祈願的一種方式，但這裡要給大家一個觀念，即是生日不須大肆喧嘩的慶祝，最適宜的方式，即是與家人在家中共同慶祝，此在家庭經營中相當重要，因為家人相處中『感覺』是不可或缺的，而『感覺』也正是祈願的主要法訣之一，因此幫家人過生日，是修祈願的法門，也是建立良善關係的重要功課，這對於生活的經營更是種下善因緣的種子啊！

有一個真實故事和大家分享，有一對夫妻經常爭吵，最後演變成多年都不說話，有一次，先生在太太生日時，買一個蛋糕送她，太太雖然表面上沒說什麼的接受了，但事後回到房間卻感動到痛哭流涕！所以幫家人慶生看來雖是一件小事，但卻是聯絡感情的好方法，這樣的方法簡單且直接，你認為不值得去做嗎？

所謂的生命力在於『感覺』二字，而修行就是修道也是修生命力，再說，道是有感覺、有敏銳力的，因此要充滿法喜的快樂，對生命有『感覺』，才能進入法心，所以悟道即是悟生命力，而生日祈福正是充分展現生命力的有意義活動。」

原來我們平常慶祝的生日也是祈願的一種方式啊，這麼說來每回生日時總有家人陪伴的我，其實也早就已經開始祈願的功課了呢！

「所以說，我看你們的臉就大概知道你們生日都跟誰一起過了。」玄興教尊笑笑著說，然後開了一個玩笑：「那個微微笑的就是跟家人一起過，而笑到露出牙齒的，當然就是跟情人一起過啦。」話一說完，教室又出現哄堂笑聲，連玄興教尊都笑開懷了呢。

「好，玩笑歸玩笑，我們再繼續往下說吧！」玄興教尊繼續往下說：「三，**祈願讓你無債一身輕，不再受業力的纏牽**。這裡我們要先了**解業的產生**。業的產生從『業因，業緣，業力，業報』延遞而出，所以人都會遇到業力業報，而業力業報的現前，分成身外及身內二種，就身內而言就是指自己的生老病死，例如，有一人起初只是感冒，而後卻演變成漸凍人，意識雖清楚但卻身不由己；身外則是指功名利祿。學道之人必須要有其概念，應該了解業力如何產生的架構及因緣，而基本造成業力因素，主要如白板上所寫著的這三種。」

我看向白板，三種造成業力的因素：

一、本身今生及累世的業債。

二、家族家庭的業債。

三、生命的無常。

在我們看著的同時，玄興教尊講述：「這些道理我們都需要了解，也要讓自心能理解進而明白甚至面對接受，否則會因不明其一，而造成不必要的恐慌傷害。」

那麼我們要如何看待自己的今生業債，或是更久遠的前世，甚至是累世業債呢？西洋靈學方面把人來到世間，用來「上課」做比擬，也就是說每一個人此生，都是要來學習自己不足或完成特定要的功課，因為不足或使命，需要承擔某些任務，所以必須修習這門功課，也就是說，每一個人此生都會有不一樣的功課呀。我們的人生思維，受幾千年來儒道釋為主的交叉影響，普遍的認為，來做人都是犯罪、受罪報而來的，甚至把來人世間的地方叫苦海，這是先以有罪論來看人生的偏頗認知，所以對今生的一切不順，都容易以業報罪報來負面思考，甚至無限上綱的視為此乃前世的罪業罪報。其實在本教門恩主恩師的教誨中，萬事萬物一切本圓融，也就是說所有的一切本來就是圓融具足的，你現在所碰到的問題，或許感覺不好，又或許感受苦楚，但其實這是到達圓融圓滿的必經路程，就算現在是苦海也只是為了到達彼岸做準備，歷經這個過程後你必定是圓融圓滿的。我們對於宗教裡常用的專有名詞『業』字，做了這樣說明：業的產生從『業因，業緣，業力，業報』延遞而出，業又稱為習性、執著點、個性、特質……所以祈願修習的重要功課是面對自己的業，自己的習性、執著點、個性、特質……祈願絕對能將你不好的習性、不好的執著點、不好的個性、不好的特質……化解於無形，這是修習祈願能讓你成功成就的最大法要。

再來討論家族家庭的業債；我們因著因緣來到這個人世間，乃是從父母因緣進入家族家庭，這個家族家庭有著前面累幾十甚至幾百代以來的因緣業力，也就是習性、執著點、個性、特質……等等，所以你想成就今生的一切，你修習祈願想改變自己或成就，你務必面對這個家族家庭的業，從釐清、理解……等著手，你的修習也才能成就。

第三讓我們來討論應如何面對人世間另一個你無法自己作主的功課呢？我們把這功課稱之為『無常』，無常是時間、空間下所造成的變化，無常與因業沒有絕對的相關聯，他有可能是因為他人的疏忽導致，也有可能是天地之間的變化所引起……，非屬來去之間的概念，因此要面對這樣無法控制、無法事先理解的無常業力，我們只能藉由祈願的力量，將靈性能量提升，避開無常。故我們更應該透過祈願、信念、信仰及信心產生靈性能量，進而去化解本身業力、家業及無常。前面幾堂課也都有特別提到，在學習與修行中，為自己或發心立願為他人祈願，都可以行功造德並保平安。至於如何能保護自己，這就是需要好好學習祈願的地方，祈願發射的能量能保護自己，也能保護身邊的人，尤其俱有修行格的修行之人，更應該依使命而走。

值得一提的是我們教門常有的發心『助念』，此也是祈願修習的功課，這是在幫助自己，藉此修練自己，並祈願祈禱他人的善行善功。

再跟大家講述一則真實案例：有一位得腦瘤的病患要到美國開刀，但事後卻因一萬多人的祈願，讓他在開刀前發現腦瘤不見了，雖然這看似是神蹟的展現，但卻也是祈願真實的力量。不過祈願本身不能以對峙的制解為出發，所以如與他人有冤結，應該先要以願意去和解的祈願為主，有了和解的心，才能化解阻礙，進而求得祈願祈福的神效。這是化解冤結的方法。先向大家重申，人與人彼此間相處不和睦，如果只是因為個性不合，那並不代表是冤結，這裡提到的冤結，主要是有了對峙的恩怨情仇部分，因此祈願化解冤結的修習，就是要著重於恩怨情仇的化解，並力求這輩子無恩怨情仇的傷害。

特別提醒，對於與長輩曾經爭執、頂撞應藉機儘量化解，化解有三方法。」玄興教尊在白板上寫下：

一、見面三分情。

二、懂得送禮。

三、態度謙卑、柔軟、道歉。

「要知道的是，和解應是請對方諒解，而不是自己執於理的不計較，以上是化解冤結最好的方法，請把握並珍惜機會。」和上面相呼應，玄興教尊再度強調化解的方法。

「最後才是修行了業必須直心面對。人生猶如在玻璃窗內，因著自己對事物的認知與價值，在玻璃窗戶上畫滿了自己喜歡或是自以為是的圖案，因此想要真正明心見性，就必須將那些自以為是的圖案擦掉，並且打開窗戶，讓自己看到對面的景象，而不是只架構在自己圖案中。如同一個容器已經裝滿的沙子，無法再倒進任何東西一般，因此在接受之前，我們是否應該倒出自己自以為是的心態，才能看見新事物呢？

最後補充說明；有些人常因為自己的業緣、習性、是非心而起了無明，你是否想過，光聽到某些人的話語或是聲音音頻，就會讓你在心中產生是非心與不悅，所以說從耳朵起了王念或無明，當他人出現讓你不舒服或是不喜歡的音頻時，這即是你帶著是非的耳朵的證明；對於此，如果你在祈願修持時總帶著是非的耳音，那就會聽不見真心的話，當然就不會以直心對事。

業緣習性偏頗嚴重的人，通常會讓其產生偏頗的防衛機制，當別人問起對其不利之事情時，常常會對峙並以牽扯其他理由來搪塞，企圖粉飾太平，不過我們也要知道這是由於他的心性使然，同時也是業力習性及王念造成。因此修行了業必須直心，尤其是修行祈願，自己的假殼必須去除，因為當你修習祈願給予自己或對方是假的加持時，就是不以直心面對，如此會傷害自己也會傷害到對方。

想一想，如果你真的想了業，就必須直心面對、真誠祈願，其方法如前所述，有見面三分情、送禮物、講好話，現在針對內容我們再行補充。」玄興教尊把上述的三點再做文字補充：

一、見面三分情：很多人無法勇於面對，那你呢，能夠做到嗎？

二、送禮物：如果對於送禮物都沒有規劃，這稱得上是用心嗎？

三、講好話：應該事前就要先想好，假使今天真的與對方見面，想講什麼話、能說什麼話，又要如何與對方和解呢？

「而重點就在於這三件事都必須要用心，懇請各位一定要去嘗試、去付出，一本誠心、直心去做，切勿使用業力、不好的心性與習性去面對。」玄興教尊說完之後，我已經在內心思考應該將這三件事如何運用於我的生活上了，當然第一對象就是我的婆婆，想到這，我已經打算等一下回家立刻詢問先生，婆婆是否有比較喜歡的物品或是食物，待下次家族聚餐之前先行準備，透過如此再更加拉近與婆婆的距離。

「這幾點相當重要，所以我花比較多時間來說。」玄興教尊繼續向大家說明：「**四，祈願能讓你祖源清淨，祖靈安住**。以下我們也是列重點來做說明：

一、祈願修法與祖靈相應。祈願的法最重視陰陽，而如何向祖先祈願，即是『陰』的部分，這事從古至今仍在持續執行中不曾間斷，祈願就是讓我們學會跟祖先說好話、向祖先祈求或以經卷勸化說明人世間的事項，想必你也曾經或是現在還每日向祖先上香祈禱，你正在做的這一件事其實就屬於祈願的一種；以前的人需要出遠門時，還會在祖先牌位前行跪拜禮，並將公媽爐中的香灰放入紅包袋再帶在身上，而且向祖先祈願也不只是東方傳統佛道教的宗教儀式而已，諸如天主教、基督教雖然不拜祖先，但也有類似為祖先祈願的儀式，因此當我們想要祈求仙佛前，也應該要先祈求祖先，畢竟因為都是相同血源，會比較容易相應，所以祈願庇佑也必須先從祖靈做起。再來說到要向往生的祖先祈願，千萬不可隨便以調動調請祖先的做法，若真要調請祖先也必有一定的法沿，雖說與祖靈相應的祈願如同一條捷徑，但是向祖靈祈願只能祈祝，不可祈求庇佑，拜祖先是祈求祖先安好，而不是請求祖先保佑，更不可要求祖先做工，因此這幾點請大家知道。」轉過身，玄興教尊寫下：

一、為祖先祈願以安住祖先、祈冥福為主。

二、祈願時不得在祖先面前抱怨，更不能行詛咒或要求祖先做工。

接著玄興教尊繼續說：「二、為祖靈祈願的修習，其實就是祖先的超渡的法沿。我們透過這個法沿讓各位修行祖靈的祈願，請各位要真誠發心去做，用愛與孝行為基礎，達到落實的為祖先祈願祈祝冥福；當你修這個法時，請務必要發出誠正的孝行為祖先祈祝，祈請祖先能早日往生圓融淨域、離苦得樂。

祖靈祈願超度修法，第一是呼請祖先接受超渡，讓你能有盡孝心行報恩的機會，第二是當呼請祖先接受超度時，我們必須透過祈請與叩求，依據他生前或現在的不足需求，給予其需求，給予供養，並在供養同時勸化祖先，勸其放下，第三從給予供養需求的完整滿足後，透過祈願修法祈請恩師作主，再為祖先生前的或前世的一切辦理解冤釋結，這是非常重要的一部分，祖先的問題化解不是給予供養就好，而是必須修法祈願將祖先一切冤結問題化解，使其無冤無結，無債一身輕，第四是祈請恩主恩師為祖靈的皈註，辦理各歸本位認祖歸宗的超渡法延。

值得一提是：前面提到祈願祖靈的修法，呼請祖先這是我們的第一個動作，除了必須請恩主恩師諸神作主以外，其實最重要的我們自己的真誠祈願心，因此特別提醒我們在面對祖先祈願時，千萬不可向祖先埋怨或告狀的稟告說詞，呼請祖先應該要以祝福的心面對，須知如果常常習慣性跟祖先埋怨或告狀，則這種習慣就是一種不好的祈願，惡意祈願的心是會讓家庭形成冤結及怨氣，這股氣息會成為祖怨，深入無形成為祖業，影響子孫將是難以消解。

所以如果想要子孫成就，絕對不可一直存在著要向祖先埋怨或告狀的錯誤祈願心態，各位要謹記的是，可以在祖先面前道歉、懺悔或開示，但是切記不發怨言，在祖先面前詛咒子孫更是最大禁忌。」

我想起從小到大偶爾會聽見媽媽向祖先「稟告」家裡的事情，其中當然包括我犯的過錯，所以我慶幸媽媽只是「偶爾」抱怨，不然我可能真的無法成就了，一想到這裡我就不小心笑了，但隨即東張西望確認沒有被其他人發現並馬上認真進入課程。

教尊的聲音又響起：「三、拜公媽是家庭安定的力量，拜公媽更是家庭教育行孝的基礎，也是家庭安定的基礎，現在的人容易怕麻煩，也不懂行孝的重要，對於家中的祖先祖牌若輕易將公媽送出去，就等同於這二個基礎蕩然無存了。因此對祖先的敬拜與供奉是行報孝恩，也是一種無形深度的家庭教育；我們現行的對父母孝順都只是平面的孝行，如果再將公媽送走，就是將家族的根本掘起，對整個家族子孫發展是相當不智的，須知只要你還能呼吸活著的一天，就要行孝一天，你一定要有這樣的認知；另外，自己將來往生時，也是需要認祖歸宗，也需要回歸到祖先公媽裡，所以如果你現在將公媽送到廟宇，不但讓祖先如同無子孫無家的住進養老院，而你自己將來更是無法認祖歸宗，更甚者就有可能會成為無依的遊魂。」

玄興教尊停頓一下繼續接著說：「或許你會問，一定要拜祖先要為祖先祈願嗎？綜觀前面所說，為祖先祈願，不但是超渡祖先的孝心，並可以因此做為家庭教育的一個方式，進而使家庭甚至整個家族的子孫獲得安定成就，因為有祖先可以超渡，讓我們有機會做功德，也讓我們有機會可以修法，何樂而不為呢？」

「接著是這部分的最後一個說明。」教尊繼續說道：「給身為父母最重要的叮嚀：父母千萬不可詛咒自己的小孩，也不可嫌棄自己的小孩，應該要用肯定的方式教育小孩。」

相當重要的一番話，我真心的認為應該要讓全天下的父母都聽見，或許是突然發現到我自己的義憤填膺，我開始思考自己，似乎對於「孩子、親子」等議題有些許的想法，難不成是因為婆婆的「催生政策」起了效果？我驚訝的甩甩頭，暫停自己的想法。

我看著白板上最後一個主題：

讓祈願陪伴我們，當我們一生的依靠。

我感到有些意猶未盡，總希望能再多聽一點，不過，玄興教尊講課的聲音提醒著我當下專注才是最重要的！

「祈願的力量可以幫我們度過無依無靠的一生，須知人一生可以依靠的有很多都不是真實的，就像有些人把一生都寄託在財富上，有些人把未來都寄託於孩子身上，有些人把一生都寄託在配偶對方……但這些都屬於外在，不會是絕對不變的，因為外在的人事物誰能保證最後絕對真能讓我們依靠的呢？有句話說；當槍聲響起，大難來時同林鳥通常是各自紛飛，又有誰能依靠誰呢？唯一一件事，那就是在自己的心中建立一個堅定的祈願修行，唯有自己心中有篤定的祈願力量，自己才有能量去面對外在的一切變動，『心中的篤定』、『靈性的能量』、『智慧的一生』……這些都能透過學習祈願，而讓自己的身心安住，得到一生絕對的依靠。」

的確是很現實的問題，相當發人省思。

我內心充滿著自己的盤算，打算日後應該要多跟先生以及同事、朋友分享玄興教尊的講課，還想著的同時，玄興教尊已經為課程做一簡短總結，並且提醒師兄師姐應該加強自己的信仰、信念與信心，接著結束今日的課程。

我看著走出教室外的玄興教尊，再看著收拾整理的師兄師姐們，心中甚是佩服他們如此的甘願與歡喜，我想他們每個人心中的信仰、信念以及信心一定是相當堅定的，因為他們看起來都是如此的真誠與熱忱，連我都被傳染似的激昂不已，看向天空，蔚藍的白雲在玄門山看起來是再清晰不過，連天邊的一抹陽光都如此普照，更深刻的烙印在我心中。

是的，我在玄門山，這一個塵世間的仙境，自然的讓人可以拋卻一切，卻神奇地讓人找到自我的地方，看著師兄師姐們的笑容，我起身跟著他們開始動手整理教室的環境。

為〇〇〇求良善姻緣祈願疏文

大慈大悲的玄靈高上帝暨列聖恩師呀！
我非常渴望您的庇佑：
我想要組織一個新的家庭了，
家，是人的避風港，家，是愛的溫暖窩，
我非常祈望能有一美滿的姻緣，有一位善良體貼的伴侶，
希望慈悲偉大的玄靈高上帝暨列聖恩師！
我要祈願學習彼此尊重，相互包容，學習彼此體諒，相互幫助，
我要祈願在未來的婚姻共同生活中能夠孝順父母，
我要祈願能夠尊敬長輩，能夠和睦鄰里，能夠熱心公益，
大慈大悲的玄靈高上帝暨列聖恩師呀！
我祈願從今以後能夠學習以智慧處理是非，
能夠學習以恭敬接待他人，
我祈願能夠學習以道德修養身心，

能夠學習以慈悲做人處事，
我祈願能夠有恩愛一生的伴侶，
能讓我們能夠有白頭偕老的良緣。
慈悲偉大的恩主暨諸天聖神仙佛！
請求您接受我至誠的祈願！
請求您接受我至誠的祈願！

八、如何修持祈願妙法

【第八堂課：透過做一件事來培養道心】

「你們還記得當初玄興教尊說的那個努力但窮苦的年輕人的故事嗎？」一位師兄問著在場的師兄師姐們。

「嗯，我還記得，這個故事讓我相當驚訝！」另一位師姐附和著。

「就是說啊，沒有聽故事之前我真的認為一切只要努力就會有所收穫呢……」剛剛發出疑問的師兄跟著闡述自己的想法。

課程剛結束，我與大家一起走出教室，並且談論今天的課程內容以及心得感想。

「不好意思，我可以知道那個故事是什麼嗎？你們這樣說讓我相當好奇耶！」實在是按耐不住自己的好奇心，於是我請求師兄師姐將故事講述給我聽，而最初發問的師兄便自告奮勇的將故事重新說一次。

「我還記得那個時候玄興教尊用『一個小故事來』形容這個故事，但這個故事的寓意卻相當深，根本就是一個大故事。這故事是在說：很久以前，有一位非常勤勞但卻非常窮苦的年輕人，讓大家感到疑惑的是為何如此勤奮工作的人，會窮苦到如此窘境的地步呢？但無論如何探究，都沒有人能理解其中緣由，久了也就沒人感到訝異了，直到有一天……

為了能夠生活，年輕人四處打零工，只要有工作可做，他從不拒絕機會。有一天，年輕人到鎮上最富有的人家裡頭工作，富有的人家見他如此認真工作，心中感到相當佩服，於是就送他一隻死掉的駱駝。年輕人獲得駱駝相當的高興，在將駱駝拖回家中的路上甚至還盤算著：『這隻駱駝的皮看來相當珍貴，如果能夠將駱駝皮剝下，應該可以轉賣不少的錢，這麼一來，我的生活就能夠改善，或許也能有所轉機了，至於……駱駝的肉應該也可以留下一部份慢慢的享用。』就這麼打著如意算盤的年經人費了九牛二虎之力，終於將駱駝拖回家。」師兄邊說故事還邊將年輕人的盤算表演出來，逗得我和在場幾位師兄師姐都忍不住笑了出來。

然後師兄又繼續接著說：「年輕人的左鄰右舍們一聽到年輕人獲得駱駝的消息，都紛紛前來祝賀年輕人，並欣慰道：『好人終究是有好報的，現在年輕人有了這個大好機會，相信從此可以脫離貧窮的生活了。』於是，與年輕人共同分享喜悅的鄰居們，便圍在年輕人的家門口，想要看他如何為駱駝剝皮。只見年輕人拿出一把小刀，單腳跪地的開始為駱駝剝皮，不過由於駱駝皮相當厚，因此小刀很快就鈍了，發現小刀已鈍的年輕人就跑上家中閣樓，並找塊磨刀石將小刀磨利，待小刀磨利後再下樓剝皮，但是駱駝皮依然很厚，所以沒有幾下小刀又鈍了，於是這位年輕人就這樣，樓上樓下、來來回回的跑著，期間也不知這樣進出家門多少次，在旁觀看的鄰居們，更是感到莫名奇妙、不明所以。

就在年輕人累得不可開交時，突然他靈光一閃：『假如我再這樣上上下下、來來回回的跑著，駱駝的皮還沒剝完，我可能就已經先累死了，那我何不將駱駝拖上閣樓，等到小刀鈍了我也可以直接磨刀，就不需要來回的奔跑啦。』主意已定，年經人就準備把駱駝拉上閣樓，但拉的過程中發現家裡的樓梯太小，所以年輕人又準備用繩索將駱駝從窗戶旁懸吊上閣樓去，發現這個辦法可行時，年輕人就露出得意的笑容，並自言自語的說：『如此一來，磨刀就方便多了，我也不需要再上上下下、來來回回的跑了。』

鄰居們見年輕人費盡千辛萬苦的將駱駝吊到樓上，所有人都忍不住上閣樓想看看到底是怎麼一回事，待眾人上樓後才明白原來年輕人為了要就近磨刀，所以才將駱駝懸吊上樓。」

師兄師姐們都頻頻點頭附和著說故事的師兄；而我真的就如當初師姐說的一樣，相當的驚訝，接著，說故事的師兄轉過來向著我說：「故事結束了，相信聰明的你，應該也和鄰居們一樣明白，為何年輕人如此勤奮，卻依然非常貧困的原因吧！」

「我還記得當初玄興教尊還告訴我們說，其實這個故事意旨是，在人生中，目標的確立與理想的達成固然重要，但在追求及努力的過程中，所使用的方法卻是決定成敗的關鍵，因此，你希望事半功倍亦或事倍功半，是滿載而歸還是毫無所獲，完全取決於一開始所選擇的方法而定。

祈願不僅僅只是與神溝通，也是跟自己的一種對話，而在我們為他人祈願之前，我們應該要先為自己祈願，透過先學會愛自己，包括先懂得愛自己的身體、明白自己的情緒、了解自己的想法……等等，來喚醒自己原來的靈性能力，而這能力就是原本的真我，原本靈性的真我，是愛、喜悅、和平的，所以從學習愛自己的身體開始，讓身體復甦、覺醒。因此祈願的修法開始是必須學習如何放下，放下所有負面的情緒、念頭，由自己開始對自己祈願，累積能量，目的就在於我們需要靠自己加持自己、落實自己愛自己，才能喚醒內在的靈性覺知。

而祈願更要以建立宏大的願景，包括修習善念、慈悲心等等，去調整自己對諸般人事物的態度，因此，祈願修習必須是正向的，一切修習都應由好的心念出發方能達成。至於祈願能否成真，如前一再闡述的；就端看你是否具有專一的心、虔敬的心，並且能一心而為；若是心有雜念，或是惡念，那想當然爾，祈願的力量是無法傳達出去的，須知若我們要提升祈願的力量，就要學習愛、付出、寬懷與包容，而要成為一位祈願師，更必須在修行上下功夫，從提昇自己的靈性，凡事均正向思考，並學習與自己的心對話，讓自己的心能夠往前走，更要不斷的與自己的心對話，為自己祈願，鼓勵自己，讓自己充滿向上的力量，自渡而後才能渡人。」一位師姐補充說明。

聽到這裡，再看著師兄師姐們，一股尊敬與敬佩的心油然而升，因為他們希望成為一位祈願師的背後，所要付出的努力，不是三言兩語或是簡單幾個步驟就能達成，而是要歷經許多修習與不少磨練才能如願的。相較起我來說，實在是小巫見大巫啊！但能夠跟在他們旁邊「有所見聞、增長見識」，真的是相當值得的一件事情！

「看來我上輩子可能燒了很多好香。」我在內心低聲的訴說並深感慶幸。

步出玄門山大門時，我想著今天玄興教尊的上課內容，由於今天所講述的擦澡等祈願大法，都比較傾向實際操作，因此我決定回到家之後立刻嘗試。打定主意之後，邁開的步伐也跟著愉悅了起來呢！

※※※

回到家中的我發現先生出門了，但在桌上留有一張紙條寫著：「公司急事，處理完會回家吃晚餐。」

先生似乎是急忙出門，因為紙條上的字跡相當潦草，但我也因此得了個空閒，於是我拉開椅子坐了下來，拿起今天上課的筆記準備整理。

還記得今天講的第一個重點就是**身心靈全方位的祈願大法**，我看著筆記上的項目，開始回憶起玄興教尊今天上課的內容……

※※※

白板上有著好幾項的主題，似乎就是剛剛玄興教尊利用課堂前準備的時間先寫下的，上課時間一到，玄興教尊隨即請我們看向白板上的第一個主題**讓身體活絡甦醒**，並接著開始對我們說：「在**身心靈全方位的祈願大法**中，我們先說到對身體祈願的功課。

我們必須要知道的是，從開放的態度中開始願意學習，這是在祈願自己改變自己，假使你只選擇想要做的、喜歡執行的，那麼將永遠不會進步，我們先講述向內的的祈願部分；向內的祈願主要分成身、心、靈三部分，而對身體的祈願就是要喚醒自己的身體，讓身體真正的甦醒，我們教導各位一個基本的功課：那就是『**擦澡，透過擦澡來對身體的向內祈願。**』

擦澡這個功課不僅可以讓全身的血液流通，還是一個對自己身體的祈願，因此這個功課是讓身體甦醒的第一步，這是一個直接對自己身體祈願感受的修習，當你開始執行之後，你會發現這樣會讓你的精神變好，也會比你運動一小時的功效還佳，因為運動僅著重在某部分。

至於擦澡後全身都會發癢的人，表示其平時的運動量不足。另外，擦澡有對身體祈願的功能，也可以針對身體某個不舒服的部位進行擦澡祈願，如有反射現象時更要多做按摩，如果身體有傷口或疤痕，就要在其周圍進行按摩。擦澡不可侷限在某部位，應全身均勻的按摩，包括大腿內外側、腋下等比較容易忽略的地方都要搓揉、按壓。容易感到頭暈的人，則必須將氣由上往下放，將氣往下帶；而有些人在擦澡完後會出現瘀血的狀況，這是氣滯引發出來的現象，所以擦澡是有治療效果的。」

我還記得聽完後相當驚訝，第一是我從來沒有發現原來擦澡還有那麼多的效用，因為一般聽到擦澡，會浮現的畫面，大多是身體不便的長者或有傷痛的病人。況且現代人的工作繁忙，可能連洗澡都是三分鐘戰鬥澡，哪有可能會花費時間注意到洗澡這件事情呢？

但，這麼基本又每天都可以做的事情，原來富含那麼多的意義，真是讓我「相見恨晚」啊！第二驚訝，也是我自己的偏見吧，因為這是我第一次聽到有鼓勵擦澡行為的道理，想到這裡我也不禁笑了，覺得自己在玄門山，在玄興教尊的教室裡，最多的情緒與感受應該就是驚訝吧。

接著往下看到我的筆記上寫著：

身體的祈願。

在身的部分，你曾想過對自己的身體有多少的關懷嗎？或許有些人根本沒有正視過自己的身體。故除了學習向外祈願祈求外，其實最重要的是你必須向自己祈願，因為先讓自己身體甦醒就是「覺」，使身體覺醒才能有能量；而甦醒的意涵則有：

一、原有功能的覺醒。

二、潛藏能量的覺醒。

筆記整理到這裡，我還記得玄興教尊說：「當對內的祈願不夠深入時，對外的力量就會不足，所以，將對自己的內在祈願練好是相當重要的。相信很多人聽過催眠，但也有很多人對催眠印象欠佳，其實，催眠正是從放鬆到覺醒的過程，要知道的是，覺醒之前是必需要先放鬆的，因此催眠也是放下的意思。而宗教在教導『覺醒』的修課時，也會要求放下，即是此理。須知內在的覺醒，自身的覺知，讓身體從外到內的復甦、覺醒，是修習祈願的重要課題。

祈願是在喚醒原來的能力，讓身體復甦、覺醒，並以此提升免疫能力，對身體健康是有助益的。相對修行來說對自己身體的關愛，是需要花很長的時間來修，因為必須要修到身體從上到下的功能，都感覺得到它的存在，例如：當你靜坐時，你的耳朵在聽嗎？感覺耳朵在嗎？是用那一耳聽？還有眼在看？感覺眼睛還在嗎？……所以學習用心聽、用心去看、用心去感受，這些都是所謂的祈願修行之訣竅，而靜坐守竅就是承續這個課程，其本意就是在喚醒身體各個細胞。」

所以假使我想要讓我的祈願更加深入，我就應該要讓自己的身體覺醒，要喚醒我的身體。

然後玄興教尊還說要**關愛自己**，他說：「我們前面已經講述許多對自己身體的祈願，其重點就是要多花時間去對自己的身體關心，無論自己是高矮胖瘦，都要學會喜歡及關愛，因為不喜歡自己、不懂關愛自己的身體，是無法感受到法界給予你的能量，加上祈願的力量就是發射愛，這是從內而外所散發出來的；我們每個人與環境、與身邊的一切人事物，甚至與神、法界相通的點都各有不同，因此我們應該要先讓身體覺醒。所以要修祈願之法，首先就要先修讓自己的身體感覺復甦，身體感覺健康復甦之後，你才能感受自己的氣，感受天地之氣，因此我們應該要從上到下、從頭到腳去關愛身體及其功能，至於如何讓身體甦醒呢？那就是前面所說的，從洗澡的擦澡開始吧。」

於是玄興教尊開始讓我們了解**擦澡**的重要：「要讓身體甦醒就要從洗澡擦身體開始，要將身體擦至發紅為止，這是為了讓毛細孔復活，也是提高自己對外界的敏感度，更是對身體的祈願，假如你能認真且持續的執行擦澡的功課，你會發現，你開始對於微風都很敏感。其實，真正祈願修習的人，對於微微的風應該是很敏感的……」

然後玄興教尊又繼續說：「接著回到擦澡部分，我們洗澡的時候將身體擦至發熱，但請記住不要用肥皂，請使用不要過鹼的沐浴乳，因沐浴乳較為潤滑，擦拭效果較佳，通常如此執行一週後，身體自然會有所反應，但假如一週後身體依舊無任何覺知，就表示你需要調養。另外擦澡的時候，臉部應該用手搓揉，至於身體則應使用毛巾搭配沐浴乳，運用圓形的方式搓揉，尤其頸椎、腰椎、胸前、兩腿內側均需搓揉至發熱，且記住，搓完會流汗，因此不可吹風，接著以溫水沖澡最好，以上方式均與祈願修法有所相關。此外，每個人的覺知點不同，這是跟每個人的因緣有關係的。但我們要知道的是我們需從內在的理解、放鬆開始修起，讓內在放鬆，外在放下，從身心靈都必須由內而外的放下放鬆。千言萬語，重點在身體力行。因為他人解釋的再多、說的再好都與你無關，自己的身體就要自己去感受、去跨越。」

很特別的功課吧！這是我當初聽到的想法，除此之外，玄興教尊還說了許多部份呢，例如他說了關於對身體祈願功課：「在擦澡功課的過程中也要提醒大家，如果你有認真進行，應該是會充滿愛與感覺的，因此透過自己搓揉身體的方式，讓你用心去關愛身體，漸漸修改對身體不對的行為或方式。

而為了要達到祈願能力的提升，我們更需要先學會深入理解由內而外的修習，例如我們常常都說感覺感覺，但其實『感覺』是有『感』才有『覺』，或有『感』才有『情』。所以祈願能使身體復甦，過去我們都是著重向外祈願祈求，也就是向恩主向諸神佛祈求，其實祈願應先向內，而其功效則是要自己能用能感覺感受才行。舉個例說；我們所謂祈願修行可比喻為電視，電視機本身不好則收訊不佳，那麼就不能責怪電視台訊號有所問題，就如同修行一般，需要回頭檢視自己，故再重申，祈願在內修方面，分身、心、靈三方面，應當了解祈願在身的部分，如前所述就是透過擦澡的方式讓身體復甦，而身體復甦可以產生磁場，因此需要全面使身體均復甦。」

這些功課都可以實際執行，且就如同生活一般的作息，讓我想到玄興教尊曾經說過的「修行就等於生活」，你看，我不就可以在生活中修行嗎？雖然比起師兄師姐們來說我是小巫見大巫，但能夠有所成效，我可是相當有熱忱的呢！

對了，我還記得玄興教尊有補充：「學道的理論，就是要透過去做一件事來培養道心。我們對生命應該感到重視，通常人無法成功是因為忙於事，卻忘了自己的事，故修道，即是學忙自己的事，也就是多關心自己；不論從身心靈、來去之間、生與死，亦或是感受一天的靈性在那裡，我們都應該要很用心的去面對。

在宗教領域裡，不論是做早課、換敬茶、上香、三跪九叩、讀經、靜坐、擦澡，均是在培養道心。如單以擦澡的功課來論述，主要的目的是為：

一、讓各位能注意自己身體的反應，養自己之道。
二、讓各位持續，因為修道就要持之以恆，不然將會前功盡棄。
三、修道之人，對於內在事、外在事要能有所理解與體悟，應能將一件事的時間與空間做好安排。而擦澡就是一件事，故必須懂得如何去訓練自己對忙於事的分野。」

然後我也在我的筆記角落發現〈學道聖凡雙修之人的時間區隔〉這段筆記：

一天為二十四小時，以八小時為一小時之區隔，一天區隔三小時，睡覺區隔一小時、工作區隔一小時，休閒區隔一小時。而擦澡是藉外物來修行，慢慢養成給自己一段空間與時間，讓心靈能有所洗滌，要知道給自己的空間越大，則潤滑度就越大。

還有關於擦澡的功效的筆記：

擦澡的功效：可以健身、減肥以及提高免疫系統，另外尚有：
一、顯現病灶。
二、每個人身體問題反射不同，可使全身氣打通。

三、使身體更敏感，心更活絡。

我們只要能持續不斷，則日後將會更加感覺身體的復甦。我們都希望修行能正確且實際，更希望能讓自己與法界溝通，因此修練時一定要把握持之以恆的力行，所以要好好把握因緣。

最後玄興教尊告訴我們擦澡的祈願修習是對生命的體證：「『修道就是東摸摸西摸摸』，身體是我們的生命之一，但我們卻只將它當作工具來使用，從來不懂得如何照顧它。因此，希望大家能藉由身體擦澡按摩，來感覺身體是活的。」

說完這些之後，玄興教尊做了結論：「有關擦澡按摩的功課，其目的在於喚醒與復甦自己，尤其是面對自己的執性更要有敏銳度，必須用理解的態度去面對，將自己的防火牆框架卸除；尤其是針對身體的束縛，如果是來自倫理道德的約束及習性所致，而無法去解放自己，那就更應該打開心胸去關心別人，因為打開自己的心門，才能感受法界的能量。你要記住的是即使我們受倫理道德的影響，但至少在內心是活潑開放的。

人活在世上時間有限，我們的智慧、機緣、身體狀況不一定比別人好，但希望能透過擦澡這項功課，讓你對身體的感覺，能放寬一切的窒礙，積極去追求，並且讓心活絡起來，向前更跨進。

而面對自己的生命，基本概念要清楚，我們修練祈願之法的基礎就是要立願，能夠幫助他人，成為眾生的老師，為自己走出一條路，了自己的願望。因此，希望大家能在道場透過修法來提昇自己，幫助別人，無論是在家庭、在社會都能成為一個有價值的寶。」

※※※

整理到這裡，我抬頭看了看時鐘，想確定自己是不是太過專注而忘記時間，幸好離準備晚餐的時間還有些空檔，讓我緩和了一下緊張，再看了眼筆記，實在不得不說，每次上玄興教尊的課程或是整理筆記總讓我感到時間飛快的流逝，所謂「一去不復返」就是這種感覺吧！「既然還有些時間，就把下一段也整理整理吧！」我對自己說著，突然有種一鼓作氣的動力，於是我翻開下一頁筆記，繼續往下整理。

※※※

第二個主題即是：**讓心中自在安住祈願**

還記得這一段玄興教尊用了幾個標題來說明，第一個小標是**用愛對心的祈願**：「用愛的修行來對自己的心祈願，學習真實的以愛來感應為心的祈願，且心的祈願要做到深入，就要有愛的心才有用處，就如祈願要用心，愛要入心，祈願才有用，否則效果必定欠佳；專心祈願觸動內在心念、轉成意念、轉成氣、再轉成力量，而修法的法訣是從『無』到『有』到『實有』到『真空妙有』，心感動才能轉變成意念，才能轉為氣、轉為力，現在有許多人都缺乏熱忱、感動，我們都應知悉，心能感動才是修法的基礎。

愛是祈願的最基本力量，靠別人加持不如自己給自己加持，自己的心自己加持，尤其對自己的身心更不可馬馬虎虎，唯有落實愛自己，透過自己感動的愛，才能將能量轉給他人，而他人也才會有所感受；至於祈願需熱忱、承擔、付出，透過讓身體甦醒，對身體祈願是讓身心脫離恩怨。」

接著玄興教尊告訴我們要學會放下，他說：「修行學會放下之訣，就是在救自己；我們人生受到今生的業執、累世的牽纏以及祖源的影響，故修行的人需修『放下』二字，並且要了解其真正的內涵；而靈修就是修正心，通常靈修至深山中靜坐，受天地之氣，即是要接近天地大自然，也因此得知，唯有放鬆、放下，靈氣才能進入，所以我們必須放下回歸本性，回到生命本來之元，真法界。」

然後就是**用愛對心的祈願功課**。玄興教尊說了：「口頭講述喚醒自己的心似乎相當容易，但執行的時候卻很困難，你有想過嗎？一天之中，真正屬於自己的心的時間有多少呢？又，你的心是念頭的心亦或是感覺的心呢？其實身心靈相當難界定，舉例來說，我們洗澡完後的身體舒服，此刻的心又是哪個心？是過去心，還是現在心，又或是未來心呢？我們大多不知道，其實當下之前即為過去，也就是說我們現在講話的前一句都是過去了，所以我們又要如何使用當下的心進行祈願呢？因此，我們祈願的力量必須先有未來心，也就是去觸動未來心，而這裡也讓大家知道，我們都是用未來心在過生活，而聖人是用當下心，至於下智之人則是用過去心，而你呢？你知道你是使用什麼心嗎？」

玄興教尊告訴我們說：「祈願修習喚醒自己的心，就是要同時學習未來心的信仰、信念、願景，一般我們在學習祈願時都要強化未來心的願景，如此才能使祈願有所動力，透過不斷的讓自己強化願景的未來心祈願，其實就是給自己很多的希望、信仰、信心、願景，祈願有一個比較特別的是『不只是想要當下好，更要不斷強化未來心的好』。

最後提醒大家，在我們往前走時，若受到過去心及過去意的過度期待，也很容易走入偏執，所以修行就是應該要坦誠真實的面對自己，並且隨時注意自己是否容易將過去的事情放在心裡頭，執溺於過去的一切情境，不容易改變自己，甚至容易在過去心中記仇、記恨，假使你發現你是這樣的人，就更要下定決心修習祈願改變自己，否則你只會使自己的心變質，因為當你一直帶著過去的執怨、悲情、惡念及別人的種種繼續往前走，就變成是自己害自己，如同一個髒掉的杯子，如果沒有洗乾淨，就算再倒入什麼好喝的飲料，結果都是一樣髒的，所以當有過去心的惡念時，就要趕緊讓自己轉念，透過祈願修習，念頭就有可能轉換。例如很多人在經營事業上一直不會成功，就是因為一直將過去的失敗經驗帶在身上，所以新的命運才不容易改變，這就是過去心一直強壓著未來心很明顯的例子，因此我們要學習將過去丟掉，才是自救的方法。」

玄興教尊在白板上寫著，學習祈願法的必要修訣，並繼續說：「祈願修行的人應該是直心的，但是很多人的心卻是不斷的在自己的心境下迴繞；自私的人隨時都在關注自己的利益，所以經常用自己過去的經驗在看人，看到對方就隨即將心拉回到過去，也就是從當下心再回到過去心，繞一圈，最後再回到當下心；另外有些人容易將工作的情緒帶回家中，這也是將過去心帶回來的一個例子，當然也包括容易計較的人，這些人都同樣是將過去的一切想回來再成為現在的境地。」

這裡玄興教尊當然也做了很多說明，還記得玄興教尊說：「那至於祈願法修得好不好又如何代表呢？其實法不能以現在的有形方式表達，因為那是無法轉換相比擬的，一個人修養好是直心，法足就是要涵養天地之氣，而真的法就存在於天地之間，因此，能夠悟澈的人，他的法自然就足，而執怨的人當然就沒有法，因為一個無明的人無法運用天地之氣，而朗然、熱忱、看得開的人才能當下取天地之氣，故我們修祈願應該先了解這些基本概念，才能抓得到法心；於是，要修當下而取未來心，讓自己有積極向上的力量，就要不斷給自己信心、信仰、信念，祈願的力量就是要透過當下祈願的善念，進而去消滅過去心、過去意及未來惡意。」

靜息靈修是祈願修習中重要的課程，在祈願往前走的過程中要把過去丟棄，就是必須將過去的問題或是深藏在心底不敢表明的種種都揭露出來，也就徹底清除自己的業緣。這裡分享一個案例讓大家知道，這例子發生在老師修習祈願靜息靈修課程時，有一位精神科主任每次上台講話就會口吃，經過靜息靈修引導幫助他回溯到小時候，原來有一次他帶著妹妹去買冰，雖然已經將錢先給了老闆，但老闆因為生意太過忙碌而忘了給他冰，憨直的他也就這麼回到家中，結果回家後就被父親責罵，連剛要說出口的辯白，也因為被爸爸責打而說不出來，從此口吃了，經過此次靜息靈修帶引他回到當時的情境，並且告訴他：『父親做錯了，你願意原諒他嗎？』協助將他與父親的怨氣化解。爾後，他上台講話就不再結巴了。

再者學會將過去的事放下。幫助自己或他人祈願，就必須先明白自己的身心靈，祈願修行者如果不能將自己過去的心、意放下，就無法超越；故對自己心的祈願，就是要不斷強化自己的信仰，給自己信心且念頭要正確，當不好的念頭一起，就應馬上祈願。而一個人在回想時，會容易將當下心回到過去的魔心，這又是沉溺在過去，所以當想起過去的事時，不要只想著不好、不公平的事，以避免負面情緒的產生，若無法要止住念頭，則應馬上祈願或是用感恩的心去面對。由於祈願是強化當下心，止住過去心，所以應時時強化自己的信仰，須知祈願是一種力量，若念頭來了就馬上頂禮祈請恩師，慈悲加持。再來，碰到不喜歡的人，能夠馬上微笑，也是一種祈願，如此能讓自己不回到過去心。這樣不斷努力修習，就能讓自己的念頭時時往前向善的方向提升，而別人看待你也將會有所不同。」

至於最後一個小標就是**隨時檢視自己的身心**。

玄興教尊提醒我們：「身和心是相結合的，因此身和心的祈願是一體二面，比如有人看事不高興、不滿意，就會反射自身，故心不罣礙的人通常較不容易生病，假使有人罹患慢性病，就是因身體某部分長期不舒服所造成，而其問題的根源，大多就是因心不舒服所造成。

因此，身體不健康的人，應思考是心境哪裡有所欠缺？所謂的『醫身需先醫心』，我們必須先診斷自己，是自己的心哪裡不好，因而造成身體的傷害。修祈願之法，需坦承的面對自己，如能調整心性，放下、改正缺點，讓心能安住，則身體的狀況即能改善。

心的祈願在對外的力量方面，需先向內調整，讓心產生意念，必須是純正、善的意，而

『意』會產生『氣』，如此產生的『氣』所形成的能量，才能使用來加持他人；否則，當你用不好的『意』加持他人，就如同使用戾氣傷人，實在是害人不淺啊！需知：刀可救人也可殺人，因此，把『意』調整好是非常重要的。

所以我們應該如何調整自己呢？首先，自己需先理解自己，覺知自己哪裡不好？一般來說，自我覺醒的自我診斷最不容易，因為人一般都是會自我找藉口、講理由掩蓋問題的，要知道的是找理由的心是無可轉圜的，故理解自己需由內而外才能有所改變，所謂的：『山不轉，路轉；境不轉，心轉』即是此道理。如果你對此有深切的認知，那麼學習祈願才有效用，如你一直仍在自己的心境上講理由，受外在之『意』影響就起變化，那麼即使你修習再久也會毫無效用。

心要靜、要定，透過理解自己，自己才會願意改變，當然，最重要的是不可找裡由。你可以自己診斷自己：是身體哪裡不好呢？平時生活中心情如何？是否常與他人爭執或是經常對他人發脾氣呢？而心情問題的根源在哪，你知道嗎？請記住，修習祈願時，你應學著將過去的一切心放下，用著慈悲喜捨，依著天地的能量，為自己為一切有情眾生祈願。」

「嗶！」好大一聲。

原來是手機傳來訊息提示音，就這麼劃破了寂靜的房間，看了一下，發現是先生傳來的訊息。

「我這裡已經快要結束了，等一下就回家，今天晚餐你不用準備了，我們出去外面找一間餐廳吃飯吧！」不知道今天怎麼了，先生竟然難得說要帶我出門去吃飯呢，想到平常為了備菜忙東忙西，飯後還有收拾善後的工作就感到疲憊，看來今天真的「偷得浮生半日閒」了。

算了算時間，距離先生回家應該還有一段時間，我檢視一下自己，髮型ＯＫ、妝容ＯＫ、服裝……嗯，也ＯＫ，那麼等會兒先生回到家就能立刻出門了。

喔，忘了向你們解釋，我先生不喜歡等待，最好是他人到門口我就已經在等候他了。

確認完畢之後，我當然不能浪費這段寶貴的時間，於是我開始接著下一段筆記的整理。

※※※

第三個主題即是：**讓靈性昇華潔淨**

還記得玄興教尊先用了幾個問題來說明，首先即是**對靈祈願最不容易？**玄興教尊說：「修行的態度需對，心需寬懷、包容，才不會有所變質，而對眾生祈願、加持更需懂得方法。祈願感受的是外在的感覺，最不容易的是對靈祈願，靈的展現是身和心，至於靈性的感應，則是需要透過身的展現、心的感動；靈性高，則心感動多，心的敏銳深度足，但如身不好，心再好，靈性也是無。」

然後他又問**靈來自哪裡？**並且再告訴我們：「假若有人修得好，則靈性高，靈氣涵蓋大；反之，較多執著之人，則容易沈湎於過去，故靈性不高。人的靈氣是向外擴散，與天地之氣相互平衡的。」

有靈當然就有靈性，那麼**靈性如何增長呢？**玄興教尊說：「靈性的存在是經由身心交叉反應而成，故身體不好，心情不好，則靈性低，這些皆攸關法界認知。如前所述，修行是修敏感度，而心的敏感需透過身體轉換，眼敏銳但心溫柔、為人設想又容易感動之人，則靈性愈容易增長；而面對生命的態度，也會影響靈性之深度。

靈性如立體圓球，氣足則靈性高，但如身處於過去心中，不向上則氣低，祈願心不足，則靈性不高。

身體是否健康影響的是靈氣的高低，靈氣足時則可擋掉外在之氣，因為靈氣會形成保護網；而氣場的形成是壓縮成圓形狀，靈氣與天地之氣交互作用而成，至於外在之氣如有些高山有地氣，此時身之氣與天地之氣交互作用，將對身體有益。」

至於關於**如何提升靈性呢？**玄興教尊說明：「最直接的方式就是養浩然正氣。」

身、心展現氣足，可以昇華靈氣，如：外在概念的強化，經由別人引導調適，使內在轉換，靈性增加，改變身、心敏感度，而能圓融能量；但如只有外在而無內在轉換，是無法真正改變的。」

接著，玄興教尊提到了一個重點，那就是「**了解身心靈才能祈願**」。

玄興教尊說：「靈性的好壞、深度、密度，取決於身、心成長，也取決於心是否走向未來心、向上心，亦或身是否敏感、圓融、包容？如用健康的身、心轉換靈氣幫人加持，靈氣自然會形成祈願之力量，即可與外界、天地之間靈氣、仙佛對應轉換，且靈氣散發時也會形成光圈、磁場。

靈的祈願從身、心而入時，愛對靈性是有相當助益的，對一切充滿愛、對天地之間疼惜、對人關懷，以上種種皆可以提升靈性，且如身體狀況欠佳，散發出來的愛也能回頭治療身體。故靈性、身、心發展需用愛調和，身體欠佳的人需多付出愛、責任、承擔才能將天地之間拉住。

老實說，這些議題、道理或是理論，對我來說真的都相當新奇，是一種新的論述，除了大開眼界之外，更多的是恍然大悟，但是當我看到師兄師姐的神情時，我從他們身上體會到

「真心誠意」的氛圍，那一種瀰漫在他們之間濃得化不去的，都一再說明他們的「信仰、信念與信心」是如此堅定與深刻的！

思及此，我更是認為自己要加緊腳步認真專注，於是我繼續將筆記往下整理，並且回憶玄興教尊上課的內容，包含：

先為自己祈願！

祈願分內外，祈願向內，是包含身、心、靈的祈願；要與神對話，就要先為自己祈願，與法界、神溝通，如此才能助人與神對話、祈願。

至於神靈在哪呢？其實神就在心中，想和靈相應，需身、心均要相同有反應，身、心不好的人，接神之意就會產生問題。另，外在靈是處於時間加上空間裡，而時間就是法界、現在的距離，空間則是物體。

凡事順勢、圓融

面對自己，應從身心靈祈願去進行調整，經常性的脾氣欠佳、易起無明的人需要檢討，因為這代表凡事不圓融之意；而正確的作法應當是，當他人不好時能做到包容，即是圓融。順勢可以轉圜，也就是圓融，因此，圓融前的動作就是順勢（善有方便），不知順勢的人是偏執，也是造業端，當然就無法圓融；凡事執著的人，即有可能心臟不好，因為心臟不好則氣也不見好，而氣不好則代謝也不會好，所以導致執著的人容易逆人及逆自己之意。

所謂順勢並非表示沒意見，正確來說，順勢應該是充分表達意見，且能用自己的態度去思考他人的問題，然後能用他人的方法、意見並加上自己的方法之後，將事情做得更好，這就是圓融，如此一來，也就不會有傷人之心以及逆人之意了。

心之起伏，是任何外在力量均無法改變的，唯有透過自己方可改變，因此需要從理解自己開始，運用「道」圓融的態度，讓自己知道「過去的堅持不一定對，應該遇事順勢，以圓融的態度面對。」假如想要使念頭有所轉換，那麼就需要持咒，至於禪宗修行中有止念法門，雖是單一止住，但這屬於對治；而玄門真宗則是用持咒引念，行為方面以圓融態度為之，心以持咒對應，故當惡念起時即以持咒引念，就如同水來擋之會激起浪花，但改用引流方式則水流將會迴旋而出一樣。

直心是往前祈願，那麼順勢就是未來心，而執著的人則是處於過去心當中。舉例來說打掃一事，你可能會考慮是現在立刻掃還是等一下再掃？以這個抉擇來說，順勢的人會以當下主從行之，以對事有利、正向為出發，以公眾利益為先，假如現在立刻掃有利於公眾，即使原本要等一下才掃，就會立刻轉變為現在掃，相反的，執著的人就會堅持等一下才肯掃。所以，做對的事就是順勢，不管時間是否適合，例如別人掃帚已幫你拿來，那麼就順勢一起掃，甚至還能順便說好話，感謝對方的幫忙。

「法」字是「水」＋「去」，因此法如流水，故修法之人應知順勢、圓融意涵，隨機應變就不會逆人之意，況且逆人之意就如同激起浪花一般，這是造業，因此凡事「順」就好。

將其對應在家庭經營上，我們都應該知道家庭經營是需要釐清、理解、協商與規範的，從小部分開始進行協商與溝通，從小範圍內慢慢爭取，假使使用對治的態度，那麼事情將無法改變，徒生氣罷了。又比如古時婦德總認為：「忍一分氣，可得三分溫暖。」但其實「忍」不一定是正確，應該是要運用協商與溝通才是。

往前祈願

我們對自己的內心，應該要檢視是否尚有強勢的過去心，假如未來心受過去心影響，那麼我們自己就需要先說服自己，先行調適並往前看，以如此的態度來看他人就不會起憎惡心。至於往前看就是往前祈願的意思，也就是順勢，是有智慧、是往好的地方看，再者，以未來心祈願，則可把外在之境往前拉。

有一個真實案例分享：有位結婚多年的先生常年不關心太太，太太前來叩問時多有埋怨，總認為先生對其漠不關心也不體諒，故詢問太太認為先生是否會改變？假如不改，太太會想要離婚嗎？透過這則案例，我們了解應該先協助這位太太釐清，請太太將先生的問題以及其優缺點寫出？再理解自己能作主的部分有哪些？並從中思考問題所在，進而找出解決方針。

往前祈願是以計畫、智慧取向的，例如當父母親臉色欠佳時，為人子女可能會計畫帶父母外出吃飯，改善父母情緒，這即是往前引導；往前引導也是祈願的力量，相對的，如果你是被引導之人，那麼你就需要順勢，千萬不可停滯不動，簡單來說：「境不轉，心轉」，對於別人的安排就順人之意，別作破壞氣氛之人，也是給自己一條宣洩之路。

至於持咒引念，咒的力量來自念頭，心↓意↓氣↓力，而咒就是心、意，持咒時心、意應該已定好，就好比持解冤咒時，就已了解咒意，因為心、意已在持咒處，持咒時即可把心、意變為氣、力，因此如是不甚了解的咒，你應該先經過思考，方能了解其意。

人最大的問題通常是「不願改變」，以至於沒有圓融的態度而處在過去心中，但不知道的是，假如自己不願改變，那麼神仙也難救贖啊！所以在法界中最大的祈願力量是時間，因為唯有時間能讓一切消除改變，但前提是只要人的心願意改變。

通常民間信仰講神奇一詞，認為「求」就能心安，就多一分力量；而所謂的「自助神通」，就是將法界原有的力量加諸在神通上，是法界自然的能量再將拜神加上，因此形成的自然神。故，祈願的力量可說是時間與法界自然力量的運用，是可以改變事情的。

「呼！」我迂了一口氣，宣洩自己的一鼓作氣。

整理到這裡，第一個重點的三個主題已經大致上算告一段落了，雖然我對師兄師姐他們來說是「新同學」，但我也是相當認真的上課，因此筆記內容除了重點之外還有玄興教尊所講述的內容與大意呢！

「嗶！」手機又傳來訊息提示音，看了一下，原來是先生告訴我他已經要離開公司了，從公司到家裡大概還有三十分鐘，看了一下筆記我應該來得及將今日上課的內容整理完，於是我立刻進行下一段筆記的整理。

※※※

接續剛剛第一個重點，第二個重點玄興教尊要說的即是（二）**打開祈願力量的鑰匙**。以下我也是相當認真的抄寫筆記，這一段玄興教尊同樣分成幾個部分來講述，第一即是「手印」第二就是「持咒」，而我的筆記內容呈現如下：

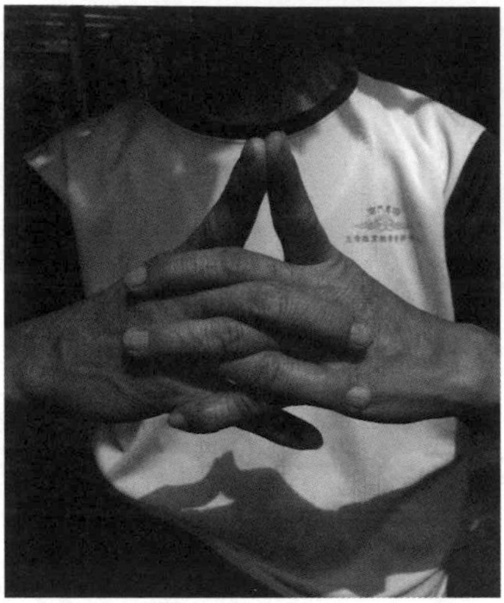

開宗明義，我們來談談祈願如何轉化。其實除了透過念力之外，將祈願轉化的另一方法就是手印，而我們要將心意轉化出去，而用什麼方式轉出去，以什麼為註記，這個時候「手印」就是一個法器的註記代表，也是一個法界代表，其實手印代表著法界註記，大家應該不陌生，最基礎的手印像是釋家的合掌，像儒家最通用的手印是打躬作揖，至於公家機關則是鞠躬一樣。

打手印是透過肢體語言轉化的意思，「手印」是每一宗教特有『溝通』的手勢，不同的手印代表著不同的教門宗第，玄門真宗當然也有屬於教脈自己的手印，且必須經過一定傳承授法的手印。因此祈願持咒能量轉換的出口，即是打手印。打手印將能量壓縮透過念力的方式轉換出去，因為持咒能聚集能量，而打手印就是將能量壓縮，且『手印』更是法界識別、是身分表明，也代表著玄門真宗的法界國度，同時也是——旨訣行法的代表、法意轉換念頭的代表，且手印也有法界召告的意思。

玄門真宗的手印

玄門真宗的手印，首先兩拇指相交叉，師姐右手在上，師兄左手在上，代表著陰陽，雙手食指壓緊、拇指壓緊、其他三指相扣壓緊用力，三個著力點形成一個三角，代表天、地、人意涵。此為宇宙中金字塔的力量，手印代表三才，也就是天、地、人，另食指代表陰陽，其他三指則代表三才，掌心呈現一個圓，代表圓融之意，也是修法的主軸。

玄門真宗的手印也代表著聖凡雙修，三才配陰陽修圓融，讓蘊釀的氣透過手印發射，此手印應該要常練，讓祈願能有真實功能，當掌心發熱時則手印打起來就如一熱球，且手臂、胸也成一三角（動作基礎是肩膀放鬆，手印不可低於肚臍），手印使持咒念力轉換，又手印可當胸持咒轉換念力，如此一來，祈願透過念力方能轉換，所以應該不斷的練習、不斷的蘊釀念力。

我對於手印的認識不深，聽到玄興教尊如此說明之後，對於手印我也有基礎的認識了。

※※※

至於第二個主題則是「祈願的基本咒」，好寶寶如我，筆記當然詳述重點，整理如下：

淨三業神咒

身中諸內境　三萬六千神　動作履行藏　前劫並後業　願我心自在　常住三寶中　當於劫壞時　我身常不滅　誦此真文時　身心口業皆清淨　急急如律令

淨三業神咒全文：

淨三業神咒貫穿玄門真宗所有的教義、內涵與精神，也貫通民間道統、儒堂與鸞堂，玄門真宗符應道統，立教以此咒來貫穿所有的修行法要，所以淨三業神咒是三世因果一世清的真實法咒，它能在虔敬持咒中化解身心業力、它能使人身心安住、它更能超生了死。須知我們人今生受業因而來，而所謂的業則存在五臟六腑之中，故透過持淨三業神咒能化解業力，使身心靈平撫。

淨三業神咒的每一個字都是法訣，其中「身中諸內境」就是指我們的五臟六腑，而「三萬六千神」意指念頭、感覺；至於「動作履行藏」則代表每一動作、行為，「前劫並後業」是指過去、現在及未來會發生的事；所以淨三業神咒是修行祈願的咒。是要將念頭發射出去前，必須先以此咒累積能量，也就是在持咒的過程中，必須修持深入且累積磁場的能量。

「呼！」我又迂了一口氣，這次是大功告成的句點。

筆記大致上整理完畢了，但其實今天整理的部分據玄興教尊所說只是上半段，且由於是實做的方法與方式，因此玄興教尊為了讓我們能夠更加的了解與能夠回家演練，所以花了較多篇幅與時間來說明與解釋，並且叮嚀大家要多加練習與複習。

我闔上筆記本，放下筆，在椅子上伸個懶腰並且轉轉頭，看了一下時間發現先生應該快到家門口了，於是起身將桌子整理整理、椅子靠攏，也把筆記放回背包的夾層內，接著關掉電燈並打開玄關的燈，穿好鞋子後走出門外等候先生。

摸了一下背包內的筆記本，我心滿意足的笑了。

或許有人會疑惑，我為何將筆記本放在背包內而不是放在家中，那是因為現在的我已經養成一個習慣，就是當我外出或搭乘交通工具，周遭眾人都在低頭滑手機的時候，我的手機會安穩的放在我的背包內，而我手上會拿著筆記本，讓我能夠一而再再而三的閱讀玄興教尊上課的內容，除了可以不斷閱讀之外，更可以在發現問題的時候趕快記錄下來，等到下次上課再向師兄師姐詢問，或是親自向玄興教尊請教，而且也因為如此，我才發現其實我的人生沒有手機並不會有多麼的難受，當然也不會因此無法生活，我想這是我的額外收穫吧！

遠遠的，我看到先生了。

「還是想一想等一下可以去哪間餐廳吃飯好了。」於是我走向先生，並且跟他揮揮手。

※※※

又過了一個星期。

今天的天氣相當舒爽，這種時候到玄門山總是讓人感到特別神清氣爽，但我腦海中環繞的是剛剛婆婆在餐桌上的提議。

當時我腦海中還在盤算最近比較應景的水果，應該可以準備買來給公婆吃，此時婆婆伸手夾了眼前的花椰菜到碗中，並且開口說：「最近天氣不錯，我們以後吃完飯不一定要待在家裡面，也可以到附近走走啊，我聽說附近有不錯的休閒境地，或許大家之後可以一起去走走。」

「婆婆是在說玄門山嗎？」老實說，聽到的當下，我身體都僵住了。

我感到訝異與震驚，於是不自覺的屏住氣息，抬頭發現婆婆正看著我，接著大哥大嫂開始附和，表示可以帶孩子去走走，先生也有意無意的點頭說好，並且夾了一些高麗菜到我碗中，還給我一個溫暖的笑容。

「剛好我知道一個地方，叫做玄門山，那裏風景優美、環境清幽，相當適合去走走看看，如果下回有空，我再帶你們一起去吧！」可能受到了鼓舞，我向餐桌上的「家族」建議著，並回以先生一個欣慰的微笑。

回過頭來，現在的我站在玄門山的門口，雖然沒有帶上我的「家族」，但不知為何，我感覺自己往前邁了一大步，心情相當雀躍。

同樣地，我又繼續坐在最後一排靠窗的位置上，聽著玄興教尊的講課，還記得我們上次只完成前半段嗎？現在要來將下半段做個總結，我不跟你們多說了，因為玄興教尊已經開始講課了。

※※※

「我們上次說到的兩個重點，還有人記得嗎？不要過了一個禮拜都還給我了耶。」玄興教尊俏皮的開場，只見底下的師兄師姐都笑了，待大家安靜之後，玄興教尊又繼續往下說：「幫大家複習一下，我們前面講到身心靈全方位的祈願大法，以及打開祈願力量的鑰匙，接下來我們要說到（三）**修持祈願不可或缺之法寶**。」

延續上一次的課程內容，玄興教尊今日要說到第三個重點，玄興教尊說：「祈願是跨越人與神之間的，從有形到無形的一種修法，而過程中可以透過香、符、花、燈、水、火供、經卷……來轉化能量給有形無形，可說是有形轉無形，無形可再轉有形。而在法界中有幾個基礎，分別為氣、味、音、色，因此一般無形界的顯兆常以氣、味、音、色來分辨；所以教門常以五方五種顏色來代表法界，此外，祈願不但可以透過法界顯兆氣、味、音、色來轉化更以透過有形的花、水、火、香、燈、經或音及符令……等等有形物質轉化，而水、火是最直接且被廣為使用的有效祈願，又如同祈願標的物品，也有以透過相片、名字、身體、衣服、物品轉化祈願。」

接著玄興教尊轉身，在白板上寫上大大的【香】，並且旁邊附註**香的作用**：

一、傳達你的祝福。
二、代表神制化、庇佑。
三、傳達神要如何處理。
四、查辦事情。

玄興教尊告訴我們關於**香的實際功能**：使用**法香祈願**的部分，玄興教尊說：「今天教授大家以法香為主的祈願，這是生活融入宗教道統的體現，是屬於第一個法器。而修法香，乃是透過香，再依念力而轉化，因此，我們與神、祖先或者無形的一切靈祇進行溝通時，即是透過這柱香來轉達。

香是一種法器，其重在虔敬的念力強度，而不在**數量**之多寡，因為強度與念力是呈相對比的，關鍵要素就是念力；因此，祈願時，香不在多，有念力則靈，故同理可證，眾人持香遠比一人持香的強度要來得大。」

「接下來告訴大家關於**以香祈願的基本觀念**，香是通法界的第一法器，包括通陰陽、天地、人鬼，其重點在於心念，也就是自己的念力有多少來決定。而香的祈願的基本觀念如下，來，大家看一下講義。」玄興教尊請第一排的師姊將講義發下，我拿到講義之後趕緊的看了一下內容：

一、對香的尊重，香是非常神聖的。香必須要很尊崇地供在神桌上，這也是第一個訣。

二、念力要正確。一般人對於香會加以區別，例如尺六是敬拜神明的香，至於尺三則是奉拜祖先，但其實尺六、尺三僅是「合」字，古代所流傳下來的香均是無尺寸的。所以可知悉，人的認知是會影響態度的，一個人的第一印象以及人會否受輪迴，受執性的影響很大；因此，我們主要的修行就是要懂得改掉執性。

在我們閱讀講義的同時，玄興教尊也一邊說著：「修法香的功課是祈願基礎動作，一般我們常見的上香即是在修祈願之法，當我們虔敬的點奉上了虔敬的心香時，就如同在叩門一般的與神溝通。」

既然有祈願的基本觀念，那當然也有**修法香的基礎概念**，玄興教尊告訴我們並且也在白板上寫下這裡的三個重點：

一、專注：心須保持安靜、恬靜、冷靜，包括虔敬，拿起香就不應多說話。

二、請香時，應在胸前、高於肚臍，香珠不可垂下；點香時，應以斜角四十五度點燃，且香珠不可燃燒太長，愈短愈好。使用香進行開敕時，香珠一點劃過應是呈一條直線，但若香珠太長劃過則將會形成一寬長條，這是不正確的），故此於修法中是相當重要的。

三、虔敬覺知：上香時，即要練習與神溝通，若有感覺那就代表成功，且必須更深入地感受神的回應。

「法香既是一種法器，就需有讓香轉成法界法器的「開香令」這是必須傳承修持的法訣，透過這個法訣的加持，這支香方具有制解的功效。又『稟香』是舉香，『制香』則是取香。香的能量，與個人的修行、福德、功德、聖階、職務、法界能力也有絕對的關係。」玄興教尊向我們解說。

至於**上香的儀規**，也是相當重要的，因此玄興教尊提出來說：「在宗教裡，對於持香的方式各有不同，本教脈之恩主希望各位持香如同呈奏方式，是眾生平等的意思，男左女右，置於胸前高一些，香珠剛好放在兩眉間玄關處，也就是念力的發送處，兩肩輕鬆平放。

稟香時，必須先看著恩主講話；行禮動作時，眼睛看著香珠，此代表自己所說的話是透過香而來轉達；拜完結束需要插香入爐，此時無論是左右手均可插香，重點在於專心即可。但須謹記，稟香與插香之間的過程，萬不可講話，且動作要平順不急躁，如同蓋印的意思做圓滿的句點。插香入爐要移正後，方可離手，並回頭頂禮，表示整個過程已經完成。

上香稟文的基礎口訣則是：我、時、地、事；舉例來說：修士〇〇〇，這裡指我——自稱，今良辰吉時，時的意思，在玄門山，也就是地，玄靈高上帝座前，有……何事，就是稟事。」

最後則是**修法香在於體證並與神相應**，玄興教尊說明：「修法香是強化自己與神溝通，因此若能靜下心來聆聽並沈澱、回溯，則念頭會慢慢實踐、靈驗。每個人的累世因緣、靈覺點不同，自己應該去相應與神溝通的平衡點，並且透過身體反應的體證。在修行的過程中，我們要特別注意外在與內在而來的兆頭，每一件事都需要去感受；外在兆頭可透過物的顯現，但必須用心去觀察體悟；而內在兆頭則是經由身心靈的反應，比如：眼皮的跳動、突來的心悸、心酸，以及想到的事，都是有可能是要示現給你的事緣，所以需要用心去思考與體證。」

「以上是香的部分，接下來我們繼續講到『燈』。」玄興教尊說完之後，就將白板上的字擦去，並寫上**【燈】**。

「至於我們應該如何**點燈修法**呢？」玄興教尊停頓了一下又繼續往下說：「燈屬於法器之一，首先要告訴各位的就是要如何**點亮心燈**。」

將祈願力量的聚集強化，並使能量轉化出去，以『燈』的修法最為持久也最有效用，佛教中有一說法：『一燈能破千年暗』，即在突顯『燈』的重要性，其實我們也都知道，不管黑夜多長、業有多重、路有多暗，只要將燈點起就會起明亮，也就能看見光明點，如此心就會得到安住，而這安心、安住是來自於燈火明亮的光明點。而將心燈點亮是需要強烈的信仰、信念與信心的，這也是點亮心燈唯一的方法。

我們修祈願，有形的透過燈，無形則透過點亮心燈，加上修法即可感受心燈是發亮的，又，信仰（天）、信念（地）、信心（人）是三才的概念，在家庭教育中教導孩子，應從這三項開始讓孩子學習，因此家庭教育應從信仰開始。」

「接著就是**點燈先要有概念**，修燈法是一門很深的學問，同樣的，我們先講基礎，其基礎包含以下。」玄興教尊邊說的同時，也在白板上寫下：

點亮心燈

轉過身，玄興教尊向我們說：「點燈祈願必須先要有一個基本概念，因為我們對所點的燈，要發出正確的態度與認知心念，這也都和虔敬的心念有關。舉例來說：有一位師姐將祖傳留下的梳子，每天擦拭的非常乾淨，更因為祖傳的關係讓她相當喜歡那把梳子，而這就衍生成為她的態度、信仰，但之後師姐不小心將梳子弄丟，因此前來問師父，但師父僅告訴她，回去向母親詢問即可得知，結果此位師姐才從母親那裡得知，原來那把梳子根本不是祖傳留下，而是在路邊隨意買的，所以這就是概念的問題。

點燈要有效，就必須要發出正確的態度與認知心念，這樣的虔敬心念更是修習祈願者更需知道的道理。」

※※※

接著玄興教尊請大家休息十五分鐘，並表示這十五分鐘歡迎大家詢問問題。果然，過沒多久，玄興教尊的身邊即出現許多抱持疑問的師兄師姐，而玄興教尊也被他們圍繞著正細心的解說。

我則是在這休息時間又踱步到外頭吸收大自然的芬芳，然後靜待下一場課程的開始……

十五分鐘的休息很快地就已經結束，現下的我已經坐在最後一排靠窗的位置上了，師兄師姐們也都魚貫入坐，我看著玄興教尊將白板上的字擦掉，並且寫上這一堂課的主題（四）**從做中學，由學中體證，再由體證中悟道**，而這，也是這一階段課程的最後一個主題了。

放下筆，玄興教尊轉身面對大家，並且開始說：「祈願需專心虔敬，且這虔敬誠意的心需透過學習方能有所獲得，但又為何要虔敬誠心誠意呢？那是由於你在為自己祈願或是在為對方祈願加持時，對方的因果問題你無法深入了解，因此，你的祈願並不是你直接對他加持，而你僅是作為一個轉化者，真正加持是請神替他加持，故你必須發出很虔敬專心的祝福、誠敬的請神，將自己當作法器才行。

我們在學習的過程當中，起初由老師教學，在此同時我們除了專心學，應時常感覺當下意念是否搖擺不定，更要專心誠敬的加持，感覺神之力量的到來；而回溯，則需等待氣的來到、念的來到，專心……等等，然後在回應的過程中，有人可能聞到香、可能看見文字、聽到聲音、聞到氣味……等等，這些都是需要揣摩其意涵，須知，身體的感官眼、耳、鼻、舌、身、意，皆是感應點，應密切注意。」原來所謂「請神容易」可不是真的容易啊！這之間所要面對的層面竟然是這麼深遠，我還以為請神只需要迎接神的到來，殊不知還有那麼多需要學習與了解的，真是讓我獲益匪淺。

然後，玄興教尊又繼續往下說：「修習祈願的功課，即是找尋自己的感應點在哪。但這些都只是過境，均因身體相應、融入對方的問題而出現的現象。

我們應該知道的是，專心誠意是一股力量，如果覺得心不定，就應該要多注意與檢討，況且專心誠意也是通靈的基礎，修到後來就能立即對證。」

「**至於修行學法從祈願開始。**」說到這裡，玄興教尊停了一下，接著將講台上的東西大致收拾整齊並開口向我們說：「這一部分的重點比較多且細，因此如果你們有需要更深的了解或是有疑問的，一定要提出來或是和其他人討論，這樣才能讓你的修行之路更加踏實與精進！那我們今天的課程就到這裡。」

玄興教尊接著帶領我們一起祈願。

為〇〇〇創業事業祈願文

大慈大悲的玄靈高上帝〈關聖帝君〉暨列聖恩師呀！

我們決心努力創建人生的事業，成就一個有財有利又能長久的事業。

我們知道：事業成就成功必需要有各種努力的基礎，

必需要有社會經濟的整體認知；必需對社會競爭激烈的體認了解，

必需要有好的人際關係建立；必需對財務的理財及規劃用心學習。

大慈大悲的玄靈高上帝〈關聖帝君〉暨列聖恩師呀！祈求您的加被，能夠更加振作起來，仰望光明；能夠挺直腰身，再重新出發；能夠獲得貴人的欣賞，能夠發揮自己的所長。讓我們有更高的理想，更懂得落實用心執行。

大慈大悲的玄靈高上帝〈關聖帝君〉暨列聖恩師呀！請求您的加被，祈願都能獲得親朋戚友給予信心鼓勵，都能給予好言好語祝福慰藉，都能給予最大的支持，大慈大悲的玄靈高上帝〈關聖帝君〉帝暨列聖恩師呀！請求您接受我至誠的祈願！

祈願才剛一結束，就有幾位師兄師姐往玄興教尊的方向走去，看來是一陣討論與詢問了，我由衷的佩服他們的求知心，但這不代表我對課程不認真喔，只是並非修行者的我對比師兄師姐們來說，真的太過平凡與普通了……

「有緣人！」突然我聽到玄興教尊的聲音。

抬起頭，發現玄興教尊正站在我身邊，接著玄興教尊開口邀約我走一段路，於是我將背包背起，跟著玄興教尊的腳步走出了教室。

比肩膀不知道高出多少的大樹，其枝葉正隨著風輕微的擺動，我和玄興教尊並肩走在石子鋪設的路上。

幾步路過去，玄興教尊向我說：「其實你不必妄自菲薄，每個人在人世間均有使命，只是你的使命和其他人不一樣罷了。」

聽完這段話，我直覺就是玄興教尊知道我剛剛內心的想法了，因此我相當驚訝的看著玄興教尊。

接著玄興教尊又繼續說：「不過在我看來，你的使命可能也快要達到了，或者是說，你內心的部分希望也已經漸漸地在形成了。」這讓我不明所以，正想要開口詢問時，玄興教尊已經先行說話了：「你看看，我們大門口進來的地方特別讓人感到清爽吧，第一次來的話，可以先在前面坐一下，感受一下，接著再走進來，會有一種舒暢的感覺，期待『你們』能享受在玄門山的時刻。」說完之後，玄興教尊就向我道別，徒留我愣在原地，難道玄興教尊在暗示我關於婆婆今日於餐桌上說的話嗎？

此時此刻我內心激動不已，除了對於玄興教尊的先知之外，也很感謝玄興教尊指點讓我知道正確的方向，當我緩和了我的情緒（因為玄興教尊提到「先在前面坐一下」），感受當下的感受，那麼接下來將會有不一樣的收穫（舒暢的感覺），當然另一方面我也相當接受玄興教尊的提議，當下次有機會帶領家族一同到玄門山的時候，我也將會好好的讓他們在此停留，並且享受這樣的「舒暢」。

九、祈願妙法的成功法訣

【第九堂課：一門而入的修法七要】

「喂，你要找誰？」話筒傳來疑問句。

「喂，是爸嗎？」從電話那頭傳來的聲音，讓我知道應該是公公接的電話。

「喔，妳要找妳媽喔，妳媽剛好去隔壁找陳老師，忘記帶手機出去了，妳有要緊事嗎？還是妳等一下，我去叫她回來……」公公如此說著。

「啊，爸，不用了啦，我沒什麼要緊事，陳老師不是剛出國回來，媽平時跟陳老師那麼要好，這一陣子沒陳老師作伴，想必一定有很多話要說吧！我就不打擾她們了。」我連忙阻止公公。

陳老師是社區裡的瑜珈老師，和我婆婆感情相當不錯，此次陳老師出國旅行大概一個半月，想必婆婆一定很想念她，而陳老師或許也有許多心情想與婆婆分享，就不要打擾她們了。

於是我簡單問候公公，並請他代我向婆婆問好，正準備掛斷電話時，公公又開口說話了。

「有些話剛好我跟妳說，妳不要想太多。這一陣子我常聽妳媽提起妳的事情，說妳變得不太一樣了，好像是什麼上課還是老師的影響。」公公如此說著。

其實我頗訝異，原來婆婆私底下有跟公公談論到我的事情，一直以來，我總以為婆婆對我不滿或是失望積怨許久，不太會主動說起我這個人或是事情，但看來又是我自己的誤解。

可能見我未有過大的反應，於是電話裡的公公又繼續說：「其實我知道妳和妳媽之間的矛盾啦，當然我也能夠體諒你們夫妻工作辛苦，年輕人要衝事業嘛，這樣的想法也是很好的，不過啊，畢竟我們是老一輩，還是希望可以看到你們開枝散葉啊！妳媽也是好意啦，想說要趁自己還可以活動的時候給你們多一點幫忙，不要讓你們太累，如果這樣讓妳不開心，妳就體諒體諒我們兩老，不要跟我們計較，夫妻兩個還是要好好的過生活，不要彼此過意不去就好。」公公可能擔憂我有過多的情緒，因此說的較為含蓄，但我可以聽出他話中的含義，所以連忙請他不要擔心，表示這些事情我都了解，也知道公婆的一番好意，於是公公舒心的掛上了電話。

握著手機，我順勢的往下滑落在沙發上，這根本就是我過往不曾想過的事情，假如是從前，我一定會按耐不住我心中的不悅，甚至完全不把公公釋出的善意當作一回事。

「呵呵……」我笑了，笑我自己，不！應該是笑過去的自己，笑過去的我把自己逼入絕境，以為所有人都對自己有偏見，卻不細想這都是我的自導自演，套一句現在人所說的，那就是原來的我一直活在我的「小劇場」裡，主演著悲慘世界……

「現在才發現應該還不晚吧！我還是有機會可以修改的！」我自言自語，不只是說給我自己聽，也像是渴求有人理解一般的不斷重複著。

「當然不晚，妳可以繼續**向內反觀自己**，**學會對自己祈願**，我相信妳一定可以做到的！」一個聲音出現，好像很遠又好像很近，這不是玄興教尊的聲音嗎？

突然間就像有了信心一般，我感到有些力量注入內心，緩緩的溫暖了起來，我正打算開口詢問玄興教尊的時候，我感覺有人在輕拍我……

「妳怎麼睡著了，累了要睡覺就回房間，在這裡睡會感冒。」印入眼簾的是已經洗好澡的先生，而剛剛那似乎只是一場夢。

「真的是作夢嗎？怎麼那麼真實……」我喃喃自語。

「妳在碎碎念什麼，是工作太累嗎？還是明天中午吃飯我們晚一點去，我跟爸媽說一聲。」先生擔心的提出建議，我連忙拒絕，並表示我的狀況良好。

先生狐疑的看了我一下，便轉身走向客廳，倒了一杯水，接著走到我身邊將水遞給我。

「吶，喝點水，早點休息。對了，明天我跟妳一起去一趟那個什麼山的……」見先生沒有說出玄門山的名稱，於是我連忙糾正他。

「是玄門山。你為什麼要跟我一起去呢？」我發出疑問。

「我想說之後可能會帶爸媽一起過去，我總是需要先去看看、了解了解啊。」雖然感覺先生並非自願，但聽到先生主動提出要跟我一起去玄門山還是讓我感到相當開心，所以我坦承的告訴先生我內心的喜悅，只見他撇過頭叫我別多想，趕快睡覺，但我知道其實這是他不好意思的表現，看著他，我開始期待明天了。

※※※

「其實那天我也是誤打誤撞，所以簡單來說真的就是『緣分』二字，對了，『有緣人』也是我在玄門山的『專屬稱號』喔，總而言之，等你自己看到再告訴我心得吧！」走進玄門山之前，我向先生提及當初與玄門山結緣的事情，其中有許多「巧合」都讓先生感到訝異，但看的出來，他內心還有更多的懷疑，因此不多說什麼，我請他自己探索與了解。

「走進大門口，你會先看到……玄興教尊！」原本應該要映入眼簾的莊嚴威武的關聖帝君銅像前方卻站著玄興教尊，只見先生有點疑惑的看著我，又轉而看向玄興教尊，於是我連忙向先生介紹，並大步走向玄興教尊。

「這位就是玄興教尊，也是我們上課的講師。」說完之後我向玄興教尊發出我的疑問：

「玄興教尊您怎麼會在這裡呢？」

「很多事情都是隨順其緣，妳應該知道的吧，有緣人。」玄興教尊說完之後就哈哈大笑的帶領著我們緩步走上階梯，並一路抵達教室。

進教室之前，我先生叫住了玄興教尊：「教尊？這麼稱呼您可以吧！我太太在這裡承蒙你們的照顧了，謝謝你們對她的包容與體諒。」

只見玄興教尊笑著回應：「沒有所謂的包容與體諒啦，一切都是緣分，不過我想……或許你的緣分等一下才會『流動』，現在何不就跟著我們一起聽聽課、聊聊天呢？」似乎知道先生的話中含義，因此玄興教尊邀請先生一同進入教室，與師兄師姐們一起進入今天的課程。

同樣地，我依舊坐在最後一排靠窗的位置上，唯一不同的是，現在身旁多了一個人，而師兄師姐們也都相當自然的跟我們打著招呼，似乎一點也不訝異我先生的來到。

由於我在玄門山也算是有那麼一點「資歷」了，因此對於如此的狀況倒是處之泰然，只是先生感到有些坐立難安，於是我拍拍他的肩表示「既來之則安之」，就讓這些都放下，準備上課吧！

講台上，玄興教尊已經準備開始講課了，而今日的主題就像是呼應我第一次來到一般，同樣的從態度出發……

「在這世上的教門雖有八萬四千法門，但道的根本都是一樣，都是圓融無礙的，是包含天地萬物的，而我們每個人由於生命頻譜各有差異，所以進入法界的點及悟道的體證就會有所不同，因此，學道應是向內而修，向內打破自己的執性並與法界融合，這就是學修祈願的根本，因此你一定要避免自以為是的態度或只顧自己單一的利益，這是會造成他人不願意與你結伴、攜手而行，若因此導致無法修行成就或是得道，那就真是後悔莫及了。

所謂『道』就是生活中的一切萬物，故修行修道是要在能利己又利益眾生或為天地萬物所用之下才行，而同修間更應相互觸動、彼此撞擊，猶如電燈能發光發亮乃需陰陽二極方可啟動的，因此應該先將自己修成如糖融於水般而形成糖水，千萬不要自恃甚高的認為自己是一顆寶石，自己最好，須知寶石亦需要得到他人的認同，否則也只不過就是一個與世隔絕的石頭罷了！所以修道必須融於法界，融於同修、融於眾生中，方能有所成就。

至於信仰則必須一門而入，若無一門而入的決心也是無法成就的，修行學法就如同煮水一樣，需將水煮至沸騰才算成功，否則同樣只是半生水；因此放下一切、下定決心、專心而修，給你自己一個理由讓你能一心而入，然後虔敬地相信恩主恩師、傳承的老師，抱著堅持到底的信念，不成就絕不罷手，假使你已做到這般，那還何憂無所成就呢？」玄興教尊一開始就先向我們說明「道」的理論，但透過如此似乎也是在讓我的先生明白「圓融」這件事情，請他融於師兄師姐中、融於課堂中、融於其中，更是在告訴我，要專心一致、要堅持，雖然這像是我自己的解讀，但看著玄興教尊投給我肯定的眼神，使我越來越篤定。

接著玄興教尊講一則故事讓我們更加理解：「從前趙國有位駕車能手，趙王相當欣賞其駕車技術，於是就拜他為師，經過一段時間的學習後，趙王認為自己已經學有所成了，於是要求和師父一較高下，比賽一開始，兩人的馬車皆奮勇向前，但沒隔多久即分出高下，是趙王輸了，但趙王非常不服氣，認為應該是馬車的問題，於是要求和師父對換馬車再比一場，再比試的結果趙王還是輸了，之後又接連比了三次趙王都敗北，此時趙王仍舊不服輸，甚至很不以為然的認為師父留一手，才會導致他慘敗的局面，此時師父向趙王說明：『君王此言差矣，這駕車技術我是絕對沒有留一手的，該教的技術我已毫不保留的全部教予您了，但您比賽會輸的原因其實相當清楚，那就在於比賽之時，每回我都是全神貫注的注視著馬奔跑地狀況，而您卻一心一意的只想著看誰輸誰贏，當您慢時想追上我，而快時又怕被我追上，如此心神不專一，又怎能不輸了比賽呢？』」

這是一個相當有寓意的故事，的確，我們做任何一件事時，假如無法全心全意、專一精神，又當下開心且持恆的做下去，那又要如何期盼能有所收穫呢？這也是基本的做人道理、處事原則，也因此套用至祈願修法上更是應該要如此，我們都知道『一分耕耘，一分收穫』以及『天下沒有白吃的晚餐』兩句話，這不就是正在告訴我們，想要出人頭地、想要有所收穫，就必須全力以赴，不可有絲毫鬆懈怠慢之心啊！曾經有位智者說過『多數人的失敗不是因為他們的無能，根本原因就在於他們的心志不專一』，多麼發人省思啊！」玄興教尊不只是給我們暗示，也透過此故事明示著師兄師姐應該要持之以恆、專心一致的修行。

之後又加強此一觀念，玄興教尊繼續講著：「再者，學習祈願大法不可或缺的要素就是虔敬之心，我們對人要敬愛、對恩師要虔誠、對自己更要敬慎其心，亦即對自己要有敬謹戒慎的精神，對恩師要有虔誠至信的心志，你必須要知道的是，當你若無虔敬之心則祈願大法就難有成就。

告訴大家一個例子：有位佛像雕刻師，他非常想在雕刻方面有所成就，於是就動身前往拜訪東雲禪師，希望禪師能指點他一些關於佛像的常識。禪師一見他後，就直接叫他去井邊打水，但當禪師見到他打水的方法與態度之後，表情顯得失望且不多說什麼的就趕他離開，後來在雕刻師及眾弟子的懇求下，禪師終於說明他如此做的緣由：『佛像是讓人膜拜的，因此雕刻佛像的人應該具有虔誠之心以及專一的態度，不能凡事敷衍應付或心不在焉，雕刻師在井邊打水時，水都已經滿溢桶外而不自覺，這就代表其做事不專心、對人尚不夠誠摯的表現，做事待人如此不虔敬專一，又要如何能雕刻出真實佛像所代表的意涵呢？』雕刻師再經過禪師訓示之後，痛作省思自己的缺失，並力求改正，最後終於成為一位有名的佛像雕刻師。

由此可知，我們做任何事之前都必須要讓自己虔敬且專一，如此也才是有所成就的第一步啊！」

稍微停頓一下，玄興教尊在白板上寫下今天的第一個主題：

一、虔敬的態度

放下筆之後，玄興教尊轉過來告訴我們：「我們向法界祈願祈求都是習慣使用『香』，而都是同樣一支竹子香支，卻會因我們的虔敬心念態度而所發射的頻率不同，所賦予的能量更是不同，反映的效果就完全的不同；各位須知所有的宗教均離不開『心想』的『意念』，與神相應與天地相應，都是透過人心想的意念轉達，因此，若是沒有虔敬、專注的態度，那麼香與竹枝又有何差別呢？所以，我們想要心通於法界，則心想的意念專注是絕對的重要。

那麼香要如何才能通法界呢？其實重點就在於心，『心』、『意念』、『虔敬』，這是一個重要的法訣，也是祈願進入法界的唯一的觀念；『心』、『意念』、『虔敬』，這三者為一體的，專一修練就是我們修行祈願大法的基礎功課。

與神溝通或通法界的關鍵在於心想的意念，但有些人有心沒意，或有意卻虔敬專一不足，因此始終無法如願，所以虔敬是需要透過學習的，唯有虔敬的態度，再加上強烈的信心、信仰與信念，才有成就的一天。

再重申一次，虔敬是需要學習的，而祈願是透過身心靈的相應與轉化，因此虔敬是祈願力量形成與否的關鍵，祈願的力量就是通往神的力量，虔敬的心有多少，信仰的意念就有多深；信仰的意念有多深，則祈願的力量就會有多大，這都是密不可分的，這樣的觀念我們已經說明與重申數次，就是希望你能謹記再謹記，因為這都是修行的重點。

總之想要與神溝通，虔敬就是不二法門，再說，虔敬的內涵就是信仰、信心與信念，須知神給你的回應雖有不同的方法，但其前提都是要具備虔敬之心，所以虔敬態度的學習與培養是不容忽視的。」我轉頭看向先生，擔心他會因無法在第一時間理解玄興教尊的講述內容而感到意興闌珊，但未料先生卻相當專注，且還會附和玄興教尊的話語頻頻點頭或是連連稱「是」；看著認真而投入的先生，讓我原本懸著的一顆心逐漸的放下了。

二、持恆

在第一個主題旁邊，玄興教尊又寫下第二個主題玄興教尊放下筆，轉過來告訴我們：「透過讀經、持咒、靜坐是可強化信仰，使意念專一，持咒的修習沒有善巧方便的，這跟每個人的業力不同，與時間、空間及當下情境有所相關，有時我們會因為外在煩惱壓過於當下心境，導致無法心靜專一，這時唯有透過日常的勤修及持恆才可能成就。須知當你有一天發現你能專注時，就表示你容易進入法界了；所以雖然每個人的質、時間、空間及情境皆不同，業力顯現也不同，但唯有透過自己的勤恆不斷，最終才能有所成。

我們潛意識當中都有一個靈性的元點，當你虔敬學習貫穿後，自然就能夠與之相應，不過初學者是不易達到的，唯有依靠持恆，精進而專一的深入修習，才能如點石而成金般的感受到生命能量的驚艷；持咒、靜坐、讀經是修習虔敬的初學功課，它俱足天、地、人三才，持恆修習養成習慣後，自然在生活中也能俱足與法界相通的能量。

人常說：『好頭不如好尾！』這是一句生死訣，『生』我們無法作決定，但『死』卻可以經由『修』而改變，人的一生如能精進去修行，那麼將來也就能死得其所。而修道、立願、持恆，其重點皆在此。

至於人之所以遭受『業因、業緣、業報』的苦，就是受不能『好頭好尾』的業力所影響，簡易來說，就是指人的願心不深，遭遇問題、挫折、障礙時，就不能終其尾。因此，在『行』

的過程中，凡事需持恆堅定，需知：『道』雖可成就自己，但仍需強力的『道心』才行。」

三、專一的信仰

玄興教尊邊說邊寫著：「每個人都可有不同的宗教信仰，但對初學者而言應該是一門而入，須知真悟道者任何宗教的本質皆相同，所以初期信仰、信心、信念必須俱足專一再加上一門而入，否則在真實修法中只會如同雜菜麵般，是難有成就之機的。此外，若相互比較各宗派時，專一虔敬的平衡點也容易讓人失去焦點，成就也因此有其困難度。而人的一生若想一次就入修於正信之教門，是需有其累世的好因緣，有些人就是終其一生，都未必能遇到好的教門、同修或明師，古時修行修道必千里尋明師，也就這麼一個道理，而現今資訊如此發達卻反而延誤了修行成就的時機，真是相當可惜；你要知道的是：『道本簡單，專一就可入。』」

在不知不覺中，課程已經過去一半了，因此玄興教尊讓我們休息十五分鐘，走出教室之際，玄興教尊對著先生說：「凡事不必拘泥，你想來就穿上鞋子吧！」當我還不明所以的時候，先生對我微微的一笑，然後就跟著玄興教尊往外面走去，有些緊張的我，視線幾乎都鎖定在他們兩人身上。

「有緣人。」

突然一位師姐叫住我：「不需要太過擔心，妳應該知道玄興教尊的名言。」我們兩人相視而笑，並且一起說出「隨順其緣」一詞，可能是看我放下緊張的情緒，於是師姐拍拍我的肩，示意我看向教室外面，只見先生與玄興教尊正哈哈大笑，那場景真是讓我又驚又喜……

※※※

很快的，十五分鐘又過去了。

悄悄的，先生已經拉開椅子在我旁邊坐下來，見我要詢問他與玄興教尊的對話內容，先生比我更快一步的說：「已經開始上課啦，要認真，認真。」說完還煞有其事的端正坐姿，直視玄興教尊的方向，儼然一副好學生的樣子，和最初剛進玄門山的樣子真是天壤之別，我疑惑的看著他，試圖找出一些端倪，但玄興教尊的聲音響起，於是我放棄探究，趕緊進入課程。

白板上的第三主題旁邊早已經出現第四個主題

四、當下用心

玄興教尊已經開始講課了：「靈修祈願學法之人是不可空等時緣的，靈修祈願時的心靈反應，更是非常重要的神人相應時緣，而靈修祈願學法之人，容易有的盲點即是懷疑，所以心中會不斷出現質疑的聲音，其實對一個初修者而言，只要是對自己有利甚至是對方有益的，就可認為那是神靈觸動的相應，不需要有所懷疑。須知靈修祈願學法者，只要專一虔敬持恆入練，必會有所反應，但也會因每個人靈性相應的不同，感應到的也不同，這就是因為每個人的特質及因緣、頻譜有所不同所致；因此我們一再強調要有強烈虔誠的意念，要能專心誠意，並以善念、愛、發心為基礎，才有深入法界得因緣。

其實，虔誠一意為人祈願不是簡單的事，你有幾分的慈悲呢？又有多少真心呢？這些當然都是需要練習的，就比如有些人看見乞丐乞討，無論是真或假都會起悲憫心，但有些人先天充滿疑心，即會懷疑真假，這就是因人而異所導致不同的結果。而我們人有九等份，其中三等分為……來看一下白板。」玄興教尊示意我們看向白板，白板上有：

一、天生自我防衛心強、自我保護。

二、有中道之心，不害人也不幫忙別人。

三、天生充滿悲憫心，對他人不會多想、無有懷疑。

玄興教尊說：「生命與宗教的本質均是看當下用心，當自我防衛機制較高時，就會出現是非心，而太聰明時則容易會走向巧智的功利心，如此皆是不容易有所成就的，所以凡事應學習事事以當下心去做即可。」

玄興教尊也在白板上寫下這一主題的重點：

五、學會時時對自己祈願。

祈願、加持是透過你自己，所以自己的質必須達到某一定程度才行，否則神是很難透過你而轉化的因此學祈願，自己就必須先學會時時向自己祈願。這一段重點，由於玄興教尊之前才剛上過，所以我還相當有印象呢！

然後玄興教尊又往下說：「一般人的認知，總認為祈願應該都是向外的，殊不知在學修祈願的課程中，向內祈願的功課就佔了百分之七十，而對自己身體的轉化能力，自己正確觀念的養成，同樣也是佔了很重要的因素，因為在修行中你就是「法體」；我們以誦經為例，有的人誦經可以讓往生者得渡，但也有人誦的經卻反倒使其墜落，所以祈願師的質相當重要，因為你的身體就是與天地相應的法器，想要渡眾生，自己的體就要先修好，你必須先知道的概念即是，如果質不好，或不願面對自己的問題，學修祈願大法就會難以成功的；當我們要代天宣化、得到神的回應之前，必須先改變自己；在跟神講話前，心要先靜下來、要虔敬。

也因此祈願的法，首先要學習經常對自己祈願，並且願意改變自己，法界中有一個重要的概念即是『天生萬物皆有用』，等同於天生我才必有用，當面對自己時，要不斷自我提昇，先相信自己並且願意去學習，讓自己有積極向上的態度，不然就只能成為廢鐵一般遭到丟棄了。」

六、學修祈願大法成功之準則

在白板上寫下主題的玄興教尊說：「學修祈願大法有其應該遵守的準則，大略有三點，這部分的重點講義也有寫到。」我連忙翻開講義，講義上寫著：

一、正法傳承：祈願修法這是一個攸關陰陽的傳承修法，師承法承也是法能否成就的重要原因之一。『法』不能任意輕傳，主要原因之一是擔心會因修法者自己觀念尚未成熟，反而容易誤導對方，若輕傳誤導則會因誤人而阻斷自己，也阻斷學修者的因緣。因此，在修法過程中師承法承的要求是相當嚴格的，這也是保護自己在未修成之前避免因而害人誤己，造成難以承擔的後果。

二、祈願應落實於生活中，並讓對方能感受到；而法的傳遞，是需由無形轉化成有形，亦即由心↓意↓氣↓力，因此學修祈願大法，需落實於日常生活中的關懷，讓對方有所感受。

「各位須知道，祈願過程中要發乎虔誠，要真實關心。」玄興教尊做補充讓我們知道。

「最後我們要說到……」似乎是到了最後一個主題，玄興教尊在白板上寫下：

七、要有正信正念及慈悲的心

玄興教尊說：「祈願的成就，是必須發乎於內心的慈悲，以幫助他人的心念為基礎，受到別人曾經給予的幫助，亦應銘記在心，因為知道感恩而向諸聖仙神祈求庇佑對方，神會因你的感恩感念之心而不斷的加持予你，因此在神面前祈求時，必須謹記……」玄興教尊邊說邊向白板寫著：

一、立願慈悲善念為主。

二、虔敬專一祈願。

三、最忌功名利祿的需索或存埋怨之心。

四、最嚴禁惡念詛咒。

指著白板，玄興教尊說：「大家要記住祈願修法的原則，就是不可在神前起了惡念詛咒，如果在神前惡念詛咒，將會使自己受到罪罰。其實修習祈願是自度渡眾方便的法器，學修的人應時時發出正念與慈悲之心。一個本身帶邪氣的人碰見你，就會因為你的正念而不敢直視於你，此乃是因你所發出的慈悲心、正念，所產生的無形護體。」

結束七個主題後，玄興教尊簡單總結，並同樣請大家回去細想，在結束課程前，帶領我們一起為孩子功名祈願。

為〇〇〇考試功名祈願文

大慈大悲的玄靈高上帝暨列聖恩師呀！
我非常渴望您的庇佑：
讓我能從容地參加考試，讓我能金榜題名，順心滿意，
更祈求您給我信心，保持健康的身體，減少精神的壓力，
祈求大慈大悲的玄靈高上帝暨列聖恩師！
我知道考試勝負的關鍵，決定於平常的實力，也決定於心理的建設，
請您幫助我有堅強的耐力，請您幫助我有善巧的智慧，
讓我能將所學融會貫通，知所靈活運用，
讓我應試時身心能清靜，思緒能如潮水般奔流不止，
讓我能順利地考完全場，讓我能有最佳的實力表現，
祈求大慈大悲的玄靈高上帝暨列聖恩師呀！
讓弟子將來有良好的成就表現，能奉獻自己的所長，

能不辱家族的門風，能成為社會的精英，能成為國家的棟樑，

祈求大慈大悲的玄靈高上帝暨列聖恩師呀！

請求您接受我至誠的祈願！

請求您接受我至誠的祈願！

祈願結束，我早已迫不及待的想要詢問先生，關於剛剛他與玄興教尊的「暢談」，只見先生一副神秘兮兮的樣貌，顧左右而言他，見他如此，我也不再繼續追問，就當作這是他自己的「緣分」吧！

和先生並肩走著，我們一路上與擦肩而過的師兄師姐打招呼，這幅情景是我從來沒有想過的，就像做美夢一般，讓人掩不住笑意。

「現在都結束了，你應該可以跟我說說你的感想了吧！」我提醒先生剛來到玄門山時我們的對話。

「老實說，我是真的有點驚訝，當初還想說妳可能又只是一時興起或是被洗腦，但今天是有那麼一點大開眼界啦！」不敢承認內心真正的驚訝，這就是先生表達感受的方式，但聽到他這麼說，我已經知道，對於這裡、對於玄門山，對於玄興教尊，他已經認同了，甚至可

能比當初的我還要更深入。

一陣涼風吹來，我們迎著視線看到前方玄興教尊正等著我們，我和先生相視而笑，舉起手一同向玄興教尊揮手致意，這陣風，來的真是時候，不是嗎？

十、坐而言不如起而行

【第十堂課：用行動讓祈願發光發亮，造福一切眾生】

「是真的！真的！你們自己去就知道，不要在這邊說我誇大不實，去了之後你們就跟我有一樣的看法，到時候就不要太認同和感激我，哼。」先生坐在客廳對大哥及大嫂說著上回到玄門山的事情。

又到了星期六家族聚餐的時間，除了我在廚房先將水果擺盤之外，其他人都在客廳準備開飯。

由於上次到玄門山之後，帶給先生相當多感受，所以這次他趁著空檔就急著和大哥分享，加上大嫂也在一旁，因此他們再加上孩子圍繞成圈，都聚在客廳一旁談論。

另外一邊，雖然公公看著電視，但可以感覺出來他也正在聆聽，而婆婆……你看吧，她聽到都忘記手邊正在摺紙盒，手還停留在第一個步驟呢！

「爸，你聽聽看這是不是太過奇妙了，怎麼可能嘛！」大哥說出自己的看法，認為先生說話太過誇張。

「唉唷，沒有關係啦，就算不相信我，也可以去看看啊！那裡風景真的很優美，看了再說啦，而且說不定你看了之後就會因我帶你去而感激呢？」先生拚命的鼓吹，希望能邀請大家至玄門山走走。

「聽你這樣說，感覺好像真的很好，要不是等一下你媽約了陳老師一起泡茶，今天就可以去看看了。」公公說完，還看了婆婆一眼，但婆婆沒有多說什麼，只是剛剛停留的手已經又開始動作了。

「那不然等一下我跟你大嫂先帶著孩子跟你去走走吧，反正也沒事，當作帶小孩出去玩。」大哥思考一下之後給出這個提議。

「當然好啊，我跟你說真的啦，那裡不只風景優美，連人都……」先生繼續向其他人描繪玄門山的「事蹟」，我將手中的水果盤放進冰箱，關上了冰箱門，走出廚房提醒大家要準備開飯了。

※※※

前往玄門山的路上，先生似笑非笑的看著我，被看得糊裡糊塗的我開口詢問他是否有發生什麼「好事」，只見他輕笑了一聲之後向我說：「不知道妳會不會開心啦，但剛剛媽把我拉到旁邊去問了一下玄門山的事情，而且……」先生還故意賣了關子，停頓了一下才繼續說：

「而且她還說下次要去看看，也要去認識教尊耶！」

老實說，能夠在短時間內讓婆婆認同並且表達想法，說我不驚訝、不開心當然是騙人的，因為雖然婆婆曾經釋出善意，表示可以到「附近的休閒境地」走走，但畢竟之後就沒有下文，我想著可能還需要一段時間，循序漸進的「宣傳」，但未料在先生的「推波助瀾」之下，竟然縮短了時間，甚至連婆婆都表示想要前往玄門山，實在是……太讓人雀躍了！

就在我還處於無法置信的時刻，我們已經來到玄門山了。

「唉唷，真的還蠻漂亮的，空氣也相當清新喔！」停好車，向我們走過來的大哥這麼說著。

此時先生在我耳邊細語：「我知道妳還要上課，等一下我們跟玄興教尊打聲招呼後，我帶他們到處走走，妳專心上課就好，下課後我們再一起離開。」我感激的看著先生，謝謝他的體諒。

我們一行人正準備走進去大門口時，一位師姐迎面走了過來，笑著跟我們開口說：「非常謝謝你們的來到，玄興教尊為了讓你們能夠更加認識玄門山，所以請我來帶你們走走，你們不要客氣，因為玄門山很多驚喜，就讓我帶領你們一起去發掘吧！」

我們都還正在驚訝之際，姪子已經先發現一個大驚奇了：「爸爸，你看你看，是黃色小鴨耶，好大的黃色小鴨啊！」他邊驚呼著，邊牽著大哥，也就是他爸爸的手往黃色小鴨的方向跑去，而大嫂看著他們也追了過去，師姐對我們笑一笑之後，也跟著走在後頭，並對她們說起這隻小鴨的典故與來歷。

「課程應該要開始了，這裡有我還有師姐，妳就先去上課吧！」先生拍拍我的肩膀，揮揮手後也朝著大哥大嫂的方向走去。

此刻我的內心有著千言萬語，但卻無法化成言語說出口，帶著這樣一股激昂又澎湃的心情，我走向教室。

※※※

坐在最後一排靠窗的位置上，玄興教尊已經開始講課了，不過在此之前，我本想親自向玄興教尊說聲謝謝，但都還來不及開口，玄興教尊已經以眼神示意我，讓我安心，更讓我知道，如果要致謝，那就把這股想法放心中，以認真上課當作回報吧！

思及此，我趕忙打開我的筆記本，開始進入今天的課程。

「在這裡先跟大家分享一則故事。」玄興教尊要先說故事了：「有一位法師，平日即教導弟子們，應該深信教法、堅定不移，況且，只要一心學修，不論是善人或惡人，在臨終之際必定可以往生皈註圓融國度，而弟子們也對法師的教導均深信不移。直到有一天，在法師講經說法之後，一位弟子突然提出一個疑問，向法師問道：『假使深信教法而一心學修的人，臨終之際能往生圓融過度，那麼，有些心靈純潔、一生在追求完美境界但卻不信教法的人，往生後又會到哪裡去呢？』

自從弟子詢問法師此一問題之後，法師左思右想，依舊遍尋不著解答來回應弟子的疑問，加上自己也的確從未思考過類似相關的問題，導致其鎮日悶悶不樂，並且陷入深思長考的境地；但果然是日有所思，夜有所夢，有一天，法師又為此問題陷入思索時，由於太過疲累，因此就不知不覺的睡著了。在睡夢中，法師感覺自己到達了地獄，但是當他走入地獄大門時卻大吃一驚，因為裡頭竟然是一處風景優美、百花怒放、水流清澈的勝境，而身處在其中的人更是充滿著喜樂和善。這與法師所認知的地獄實在是相差十萬八千里啊！法師喃喃自語並震驚的說：『怎會是這樣呢？這和我所認知的地獄完全不相同啊！』於是法師就帶著滿腹疑問繼續的往前行，期待能從中找出緣由，就在此時，法師看見前方有幾位老人坐在林中喝茶聊天，待法師走近後，其中有一位老人看見法師，便面帶笑容的向其走來，並對他表示：『你好，我是老子，我知悉你是那位善於講經說法的法師，你要否過來和我們一起喝杯茶呢？』

法師正感到納悶時，老子又繼續介紹其他人：『這是孔子、莊子、蘇格拉底、亞里斯多德……』聽聞至此，法師終於忍不住的問說：「這裡不是地獄嗎？，怎麼會如此……』，看著法師充滿疑惑的表情，幾位老人會心一笑並同聲回答說：『那是凡人無知的說法，凡是我們所去的地方就是圓融國度，又何來的地獄之說呢？』

恍惚中師父似乎聽到徒弟的叫喚聲，於是就從夢中驚醒過來，接著他似乎有所領悟的對弟子們說：『其實那些心靈純潔、一生在追求完美境界並為眾生奉獻、服務、犧牲的人，不管他們是否信教法，往生後，他們所去的地方就會是圓融國度，即使去到了地獄，也會因純淨的心靈將地獄淨化為極樂淨土啊！』」似乎在等著我們回味故事的道理，因此玄興教尊停頓了數秒。

看了一下陷入思索的師兄師姐們，玄興教尊又繼續開口說：「這就是要告訴我們，祈願是一種發願，一種慈悲，尤其要以感恩的心來祈願，祈願我們想的事物能實現、祈願能得到神的庇佑，但祈願並非單向的，而是雙向的改變，因為我們除了為對方祈願之外，對方也必須要努力才行；舉例來說：我們能為一個生病的人祈願，但同時他也必須去就醫，因為祈願是協助他能遇到貴人幫忙、用對藥物讓他早日康復，若僅是祈願而不去就診，恐怕神蹟也是難以出現的，所以正確來說，我們促成的是一個上半圓，下半圓還是要靠對方的努力。

不過，當我們能由關懷出發，用愛、付出、承擔為基礎，立下成就自己、廣渡眾生的宏願之後，那麼『處處都是道場，時時皆是圓融國度』了。」

轉過身，玄興教尊在白板上寫下：由關懷出發。

「我要說的第一個部分，就是**祈願從關懷做起**。」放下筆面向著我們的玄興教尊如此說：「學修之人亦應深入群眾，傾聽群眾心聲，學習接受他人的訴苦；我們在初期可從傾聽開始，並在傾聽的過程中心生智慧。我們修祈願法旨時，若是與我們有冤有結者，可以藉由關懷他進而化解冤結；而一般人在引渡中往往不易傾聽他人訴說，或是有智慧地整理他人問題，這些都是需要學習的；例如在夫妻關係中，當妻子抱怨先生或想離婚時，我們可以先提供其宣洩情緒的機會，接著再協助其整理問題重點，讓他漸漸沉澱之後，將會發現其實雙方尚有空間挽留，且如能善加引導，那麼就能夠助其化解彼此之間的誤解與不快。」

轉身指著白板上，玄興教尊說：「至於關懷的對象可分成這幾項。」白板上寫著：

一、冤親部份。

二、朋友部份。

三、家人部份。

「然後是**關懷之法**，關懷之法分三部分，分別是傾聽、適時提出建議以及提供方便的協助。」玄興教尊邊說邊將三部分寫於白板上，接著再轉身向我們講述：「首先是**傾聽**。關懷可以多聽聽別人講話，並且思考其用意與重點分別是什麼，然後再思索引渡眾生之法，可以透過從旁指點，進而學習協助對方整理重點，然後從中診斷出問題點，千萬別只是安慰卻又失去重點。渡人的過程中避免自己一廂情願，也不能有所爭執，應將重點著重於感恩、解冤、解怨、關懷、引渡層面上；至於家人之間彼此的關懷、提攜也是應該如此。

接著是**適時提出建議**。在關懷的過程中若有遇到問題，可以適度的提供建議，但你務必要以同理心的態度提出，不能理所當然的強迫態度，對於對方是否願意聽你的建議而行，也以應隨順其緣的方式，只建議方法而不脅迫一定要這樣，甚至應該留有彼此討論的空間。

最後是**提供必要的協助**。關懷的課程，大家應該都要盡心盡力去執行。我們關心自己的身體或是周遭的事物，都要使用理解的心態去面對，尤其在關懷他人部分，更是要多加深入了解，除了需要能察言觀色之外，更要感受對方的喜、怒、哀、樂、愛、恨、嗔、癡。再次重申，修法的方式雖大致相同，但每一個人的體證、方法、情況卻各有不同，因此除落實關懷外，也可以提供適當的協助，這協助可以從人事物的方向去思考，你可以從自己做得到又能負擔的方向，去承擔去支援對方，但是務必謹記，一切以完全的付出為原則，不得有要求回饋的心念，順勢而為，務必做到兩相歡喜。

「一位修行者應付出關懷，體會眾生的苦，且要有願心落實實行，才能成就自己造福人群。此外，在關懷過程中各位應謹記以上三個原則，銘記在心，讓自己凡事盡心盡力，但不得在意對方回饋的效果，因為修行中首重發心，至於其他的就別多在意。」玄興教尊繼續說著。「關懷是不能有功利之心的，若是彼此間有生意往來或有利益關係時，應保持一個基本概念，那即是『引渡並非是要從對方身上得多少利益，純粹以關心為出發點。』因此須保持初發心，不可失去原本之中正性，更要依原有規定而行，避免一廂情願。

而法真實的基礎就在於此，關懷別人必須要真心，如前所述這是須要學習的，當你能做到平時多加付出，不多想得與失之間的功利或利益，那麼自然回溯就會是善的。故提醒各位要積極的學習關懷與付出，讓自己感覺到一股力量，而當這股力量的感覺出現時，你也才能感覺到法界，所以建議各位，應該要從生活上先做到關心身邊的人，這才是修行的基礎，也是中心點，須知一個不會關心別人的人，是永遠修不到真正的道的。」

說完之後，玄興教尊看了一下時間，並請我們休息十五分鐘。

雖然認真上課是必須的，但我依舊沒有忘記我還有「家人」正在玄門山「朝聖」呢！當務之急當然就是去看看先生和哥嫂們的「探索」狀況囉。

※※※

遠遠的我聽到從「上面」傳來孩子的嬉笑聲，正想要循著聲音瞧瞧時，玄興教尊突然出現在我左前方，並示意我往前；同樣的，當我正準備開口之際，玄興教尊已經開始說話了：「來過玄門山卻沒爬過一〇八階，那就等於沒有來過玄門山喔。」笑著看著「上面」的玄興教尊還說：「上面的空氣清新，景色也相當優美，雖然想要得到這些要付出一點努力，要喘一點、累一點，但整體來說，我想應該還是值得的，而妳呢，看著樹梢流動、枝葉擺盪，其實也是一種樂趣不是嗎？至於什麼過多的言語，妳放在心中，應該懂得的人自然會懂。」咀嚼著玄興教尊說的話，我順著他的視線一起看向一〇八階、聽著耳裡傳來遙遠又貼近的悅耳嬉鬧聲，就這樣，迎來十五分鐘休息時間的結束。

一起走回教室的途中，我和玄興教尊並肩而走，似乎不需要言語，我就知道我放在心中的感觸，玄興教尊都懂，心滿意足地坐在我的位置上，那最後一排靠窗的位置，我看著玄興教尊準備開始下半堂的課程。

※※※

玄興教尊在白板上寫下**用愛、付出、承擔為基礎**，接著轉過身開始上課。

「**祈願就是愛**。」玄興教尊開口先破題，接著繼續說：「祈願修法的基本就是愛，沒有足夠的愛，祈願也只是一個形式而已」恩主恩師告訴我們；現在我們於凡塵中修行，即是要付出愛與關心；故我們必須要學習自己去愛世人，不可從功利點出發。曾經在某一教會的外牆上看見一句話：『所有一切勞苦的人，來這裡皆可得到愛與快樂。』就以祈願的修習而言，這句話是祈願的根本。」

「除了愛之外，**祈願也是付出**。」玄興教尊又接著往下說：「此刻的修行，就要明白祈願的理論，諸如在家庭中要先從付出去成就自己，也就是入圓融國度，因此必須從承擔、愛、付出中開始做起，當你做一分付出時，你就會獲得二分的回報，祈願能付出，也能打破對價對比的執性，這也是修習祈願的修行要訣，因為當你學會從付出中打破對價對比的功利心時，你的心也才能圓融無礙。

一則真實案例：有個婦人在家庭中，即使善盡職責、刻苦不移，但家中若有十個人，那麼就有十個人對她做的事情都不滿意，於是在灰心之際她去請示了媽祖，媽祖指示告訴她：『那麼妳是要任勞任怨的成就，亦或是要對治呢』？因此婦人遂持續這麼如此的付出，爾後她在往生時，媽祖向婦人之家人表示說：『其已經功果圓滿成神了，故家人需懺悔讓彼此化冤為親。』原來家庭中的這十個人都是來成就她的，所以這又是修行應該知道的另一個道理，也就是冤親的概念；夫妻之間不冤不成親，但又必須藉由付出才能化冤為親，因此每個人的周遭必定有冤親的因緣，而我們這輩子做人也一定會有冤親在身旁，所以不管你現在家庭裡是什麼角色、是什麼樣的地位，要修習圓融法要，都應該要從付出開始，並且不要求回報，更甚者，生氣也是對自己最不好的事，因此愛、付出、努力是一天，瞋恨、怨嘆、生氣也是一天，聰明如你，應該知道如何選擇吧！所以除了要懂得對自己好，當然也要對別人好。」玄興教尊提及的這個例子真是當頭棒喝啊，就好像在暗示讓我知道一般，使我久久不能自已，但未等我多想，玄興教尊又繼續接著說了。

「有人以為祈求只是對神而已，其實祈願的另一內涵，即是對家人的關懷以及承擔。曾經有一位師兄前來叩問，因其結婚多年但膝下卻無子，原來不是因為無法生育，而是妻子目前尚無生孩子之規劃，由於妻子的工作如日中天，正處於成就之際，因而擔心生孩子會影響升遷，為此夫妻二人也曾經爭吵，但由於妻子較強勢，先生也只好接受。現今很多人對於生育、養孩子的承擔不足，其實生命的運轉及承擔，才是修行的一大功課啊！而祈願就是希望透過祈求達到自己的願望，其中當然也包括家庭責任。」聽到這裡我已經驚訝地抬起頭看著玄興教尊了，因為這……這不就如同我的狀況一般嗎？

玄興教尊是在告訴我，我應該要讓生命運轉與承擔嗎？不知道是我的投射還是真實，我感覺到玄興教尊的眼神是肯定且真誠的，但當我想更進一步的確認時，玄興教尊已經轉過身去，在白板上畫一個大圓內有小圓，並畫成四方加註了文字，這就像提醒著我要認真進入課程。

〈圓融圖〉

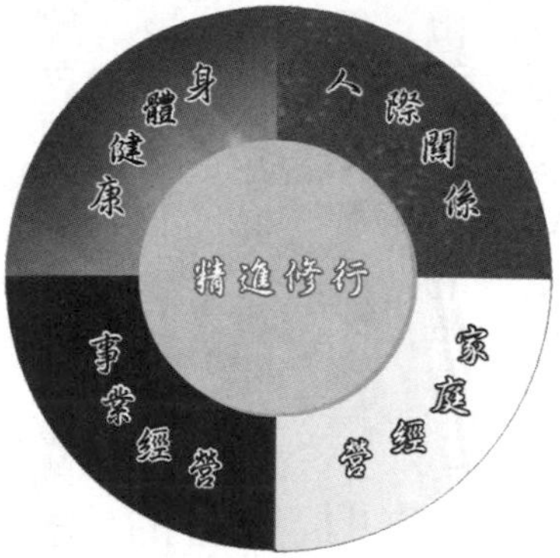

畫完圖示之後，玄興教尊轉過來對我們說：「法界是陰陽圓融，所以應該去承擔及圓滿周圍的事方屬圓融，又因為承擔就是陰陽圓融，如果只顧及自己那是無法陰陽圓融的，須知有付出才有來去，陰面轉進去也能陰陽圓融，而愛、責任、孝心……等都是陰陽圓融的主要法則。

我們人身為一個體，有形無形會加諸於身上，所以如果要想能有所成就，這些都是不能逃避的重點，因此自私也就會導致缺乏陰陽圓融，進而無法與其他人協調、互動，也就無法陰陽圓融，要了解的概念即是『付出與包容都是為了自己』，有許多人認為獨善其身即可，不過這是不對的概念，因為在付出中是斷不可計算是否划算一事的，諸如生養孩子所承擔的責任是一輩子，而透過承擔、關心、養育孩子、體諒、付出等，其實也都等同於成全自己，假使只有愛一個人，如僅愛自己，那麼力量是無法宣洩、轉換的，一個無法充滿很多愛的人，陰陽無法轉換；在團體中，一個個體是無法與大家圓融的，也就因此導致陰陽無法圓融，家庭中亦同，你的承擔、責任與付出就是在轉陰陽。」

似乎在加強一般，玄興教尊加深語氣繼續說：「祈願在於專心、誠懇的為每個人祈求，自然就能感受天地之間給你的力量，而第一個受惠的即是自己，因為有了十方法界、眾聖仙佛的加持，所以一個懂得付出、承擔與愛的人，能量就愈大，假使只將自己包裹，陰陽是無法圓融的，所以透過這樣的道理，各位應該要去理解祈願的本質，並且思考……」轉過身，玄興教尊開始在白板寫著：

一、你的身體健康嗎？

二、你是一個只顧全自己，還是擁有熱忱幫助他人的人？
三、你在家裡的責任。你對家庭的付出與陰陽圓融有多少呢？
四、關於你的事業。你是只在賺錢呢？還是為了理想？
五、你積極修行？有沒有能力幫助他人？

寫完後，玄興教尊指著這三點告訴我們：「看完這些，我們再回到前面的案例，假如一對夫妻結婚，應該生小孩之時卻不生，將會衍生出許多問題，也有可能會導致太太想得到應有的功名而無法成就，更甚者如有墮胎者，更會因嬰靈而有所阻礙；當一個媽媽不愛孩子時，其心性是失衡的，本質當然也會有問題，所以如果將自己應完成的責任做好，例如生養小孩，那麼祖先也會有所庇佑，所謂：『不孝有三，無後為大。』這些都是需要了解的層面，否則想求得貴人幫助，也會因為祖先告狀而失去貴人運了。再來，問題延伸至先生，生養孩子是二家的家族聯繫，而且三個人比二個人多了一代，二個人之間也會因此而付出愛，讓深度變大。

在家庭中斤斤計較是最為不智的，因為陰陽對峙，你是陽、外在是陰，所以對你最不利，因此在家庭中應該要包容、寬容，家庭中若有爭執就是陰陽對峙，會產生火花，故我們除了祈願，應該去思考其本質與內涵，因為當基本概念無法跨越時，就會出現更大的問題，很多事當然也無法成就。」不知為何，我感到有些坐立難安，我自以為的認為玄興教尊透過舉例的方式，讓我明白他想告訴我的道理，但這些都是玄興教尊上課的內容，說是玄興教尊刻意要讓我知道，要點破我好像又有些牽強，不過正因為透過這樣，不是那麼強硬與壓迫的方式，反而讓我陷入反思、思考並且理解。

當然，玄興教尊是不會讓我沉浸在自己的氛圍當中的，於是他的聲音又響起：「**祈願更是承擔**，祈願的力量是透過信仰、信心、信念而形成，也是透過善心、善念、愛、孝心、承擔、責任而發射或達成，很多人對於目前修行及宗教的概念均是錯誤的，其實生活當中的細節就是修行，藉由修祈願改變人生態度，將無形關懷轉為有形的力量。

對祈願來說，較淺顯的意涵是拜神，不過祈願也等同於信仰、信心、信念，舉例來說，我們拜神大多是求自己或家人平安，但其實平安涵蓋範圍相當大，不是只身體健康方面，所以這就牽涉到與神對話與溝通的內容了。

要通神、通法界，除了需要改變自己之外，還需要俱足善念、善心、愛、孝心、承擔、責任，而祈願除了為他人之外，也要力行改變自己，並在生活中落實實行，例如家庭而言，當全家外出返家時，需要的動作有開門、開燈、開窗戶、關門等，而這些動作又是誰要做呢？

在你的家庭中，這些事是讓你們家人彼此推託還是自動自發，亦或是有其他的方式呢？假如家人因為這些事而彼此爭吵，其實就代表你們尚缺乏責任、承擔、愛、發心、孝心，所以雖然僅是幾個簡單的動作，卻也是修行的基礎，不得不了解啊！另外，這些心態都建立於父母親是否有教導孩子正確的家庭觀念而致，又比如，當一群人相約用餐時，誰會負責招呼，誰又負責付錢，當這心態與責任沒建立時，彼此間就容易因此而起是非及爭執，這，也就是承擔及責任，同時更是修行的一環，故基礎的心態需認知，這是每個人都要承擔責任，也是修行的觀念。

若說修祈願應該多付出關心，那麼上位者就更應該俱足責任或承擔，否則就容易會讓人有所埋怨，也正因此，主事者或發起人都必須要用心強化修行，善念、善心、愛、孝心、承擔……等等，再者，修祈願的法訣若無深入，則力量無法發射，因此這些要件均需俱足，才能使得做事有力量，他人也才願意配合。更正確來說，其實不管是家庭或事業的經營，人與人之間相處都應該如此，而這也就是修訣，我們必須瞭解事實的根本為何，進而自我檢討，然後落實於生活的修行。

有些人拜神拜一分，那麼神就聽一分，但也有人拜神拜了三分，神卻連零點五分都沒聽見，這差別就在於我們一直強調的善念、善心、愛、孝心、承擔……等要素，通常我們在一般生活中都應該要有承擔的概念，例如，家庭中妻子常常會抱怨先生對家中的事物均事不關己，這就是由於我們已經慣性處理自己的事，對於其他事才會出現如此冷漠之態度，而祈願的力量是學習對每件事的承擔、關心及敏感度，如此才能有感於法界且與天地相應。

再有一例：有一戶人家中走廊的電燈壞了四個月，妻子一再叮嚀先生，請先生更換，但先生都不理會也不修理，反而責備妻子的嘮叨，那麼就會讓家庭氣氛降至冰點；故想要改變人生，就應認真面對，否則無法改變命格，生命也就無法超越，而當我們學習有愛心、敏銳力、熱忱時，天地法界力量也會透過如此轉達，但唯有冷漠是無法轉達的，請各位應知悉，現今我們為各位提出這些需思考、修行並落實於生活的部份。故想要改變自己的命運、相應法界的鑰匙，已掌握在你手上，是否開啟屬於自己的那扇門，端賴你明智地做出抉擇了。」玄興教尊一口氣說了諸多道理，讓我深受衝擊與省悟。

停頓一下之後，玄興教尊擦掉原本在白板上的字，轉而寫下「**立願成就**」四字，並轉過身來告訴我們：「祈願必須從立願成就開始，因沒願就無法成功，如同做事業的人，假如沒立志很難成功的，故修道也要立願，就像……」說到一半，玄興教尊又轉身對白板上寫著：

一、成就自己的願。

二、渡盡一切眾生。

三、超凡入聖。

放下筆，玄興教尊說：「以上這些都屬於是祈願的主軸，俱足這些要素才有能力為他人祈願，也才是一位好的代天宣化使者。」

「還記得我一開始說過的**處處皆為道場，時時都是圓融國度**嗎？現在就讓你們知道關於**修行的道場**。來，你們看一下手中的講義」玄興教尊如此說。

我連忙翻開講義，只見上面寫著：

一、心：以反省為主，修道者必須看緊自己的心。

二、家庭：以圓融為主，從多付出、多關心家人開始，替自己營造一個圓融的家；起初自己要想辦法運轉愛，而愛不是只有給予而已，愛最大的本質是圓融，至於圓融之前則是轉化，也就是安撫、放下自己的個性，學道即是學此概念。

三、工作場所、社會環境：以順勢為主，順勢為圓融國度修法要點之一，由於每個人都會有自己的意見，所以合作必須要順勢方可圓融。

四、道場：以虔敬為主，如果無法虔敬，修行就無法成就。

見大家翻開講義，玄興教尊接續著說：「講義提到的四個道場，其主要法訣在於：反省、圓融、順勢、虔敬，故學道之人要從愛、關心為出發點」

停頓數秒之後，玄興教尊闔上講義，走到第一排中間的位置。

「課程進行到這裡，也快接近尾聲了，下一堂課就是祈願主題最後的課程了。」玄興教尊這麼提醒著我們。

「我們這一階段課程的重點在於**祈願**，不曉得你們是否有認真在做功課，有沒有確實的執行以及內化呢？」只見底下的師兄師姐點頭稱是，頻頻表示出自己對於祈願一事的修行程度。

而我在此刻則是想起……

「原本為了祈願我的祈願，但最後卻讓我改變自己，反而為了祈願而修行。」我內心浮出這麼一段感言。

是啊，這一段時間以來，我已經漸漸的轉變，如同玄興教尊所說的「內化」，我已經忘記過往曾經為了遠離而祈願、為了逃避而改變的時候，現在取而代之的是我真心誠意的「信仰、信心與信念」，我不敢自稱的修行，彷彿也在潛移默化之中轉變了我。

就在我反思與檢視的過程當中，玄興教尊結束了今日的課程。

結束前，玄興教尊如往常般，帶領我們一起為今天生日的師兄師姐祈願。

為〇〇〇生日祈福祈願文

慈悲偉大的玄靈高上帝暨諸聖仙佛呀！

今天是弟子〇〇〇的生日，也是弟子母親△△△受苦難日，

在此，弟子要感謝父母栽培養育的親恩，要感謝師長教誨開導的師恩，

更要懇求慈悲偉大的玄靈高上帝暨諸聖仙佛您的加持庇祐，

賜給我人生真理，加強人生行事無畏的勇氣，解脫我身心煩惱的束縛，

讓我時時得到無比的力量，不會感到怯弱無助，更不會覺得孤單無援，

我所敬愛的慈悲偉大玄靈高上帝暨諸聖仙佛呀！

我要告訴您弟子在人生的過程裡，尚應學習生活能安然自在而不憂懼，

對人情和金錢尚應學習不患得患失，對功名利祿尚應學習不執著難捨，

對事業和工作尚應學習勤勞努力，對做人和做事尚應學習周全周到，
慈悲偉大的玄靈高上帝暨諸聖仙佛呀！
今天也是弟子的母親△△△受苦難日，
請您加持我的父母遠離老病的恐懼，請您加持我的父母遠離災難遭遇，
請您加持我的父母遠離人事煩惱，請您加持我的父母遠離冤家的陷害，
慈悲偉大的玄靈高上帝暨諸聖仙佛呀！
我們非常渴望您的庇佑！也要來感恩◇◇◇的推薦與成全，
請接受我們至誠的祈願！
請接受我們至誠的祈願！

「好快啊，課程怎麼一下子就要結束了呢？」我自言自語的對自己說，但突然想起先生和哥嫂他們「啊，對，不知道他們怎麼了？」

急忙收拾整理，步出教室的時候發現他們正在外面等著我，我趕忙走上前去，還沒有就定位，大哥大嫂就開心地拉著我，向我表示日後還要跟著我一起來，我還不明所以的時候，先生就開口向我說明：「大哥大嫂他們為了孩子也為了自己，打算每個禮拜都要來玄門山走

一趟，呼吸新鮮空氣、眺望美麗視野、聆聽悅耳鳥叫。」還沒來得及說完，大哥就接著說：「就是說啊，我當初還真是誤會你們了，現在啊，我也迫不及待想要帶爸媽一起來呢！」

我笑了，好開心能夠讓他們也體會到玄門山的好，於是我學了一句先生的話，開玩笑的對大哥說：「就是說啊，不過你們不要太感激我耶！」接著我們眾人相視而笑，笑聲越來越大，伴著午後風吹樹葉的沙沙聲，迴盪在我們周圍……

十一、祈願的力量泉源

【第十一堂課：信仰、信念、信心】

「媽，妳今天吃的比較快喔！」我夾著高麗菜低頭準備吃下去時，坐在旁邊的先生突然開口說。

我順勢的看了一下婆婆再望向餐桌，想知道是否今天的菜色不合她的口味，但餐桌上清一色都是公婆愛吃的菜，應該沒道理會有這種狀況才是，於是我又再看了婆婆一眼，只見婆婆緩緩地起身，然後說了句：「等一下不是還有事情要做嗎？」接著就走進廚房了。

正當眾人都丈二金剛摸不著頭緒時，公公說話了：「你們啊，還不了解你媽，她是在準備等會兒要去那個什麼山的？上次也是你們說要帶她去，她開心了一個星期了，難道你們都忘記啦？」

什麼山？是玄門山嗎？婆婆還記得今天要去玄門山嗎？婆婆為了要去玄門山而如此開心嗎？我給自己好多問號，但其實都掩飾不了我內心真正的情緒——欣喜。

「看來是我們疏忽了，也代表我們太久沒帶爸媽出去走走了。」大哥聽了公公的話後有感而發。

先生接著大哥的話頭說：「所以還不晚啊，你看我們發現那麼一個好地方，相信爸媽一定會喜歡玄門山的！」

我驚訝的看著他，沒想到他竟然邀功！但看著他像小孩一樣的模樣，如此雀躍，我想……就讓這功勞給他「加分」吧！

※※※

前往玄門山的路上，我開口詢問先生關於這段時間以來發生的事情，而這，也是我第一次詢問他類似的問題。

「你……還記得我們當初爭執的細節嗎？」我直視著擋風玻璃不敢看他。

很驚訝的，先生問我怎麼突然會提及這件事情，於是我明白的告訴他：「其實我有點無法置信這段時間以來，我已經漸漸忘記當初的我們有多麼疏離，但其實那不過只是三個月前的事情，短短的時間內竟然有了這麼多變化……」

先生也附和著，但依舊不改他的本色，直接了當地將問題癥結點說出來：「我想當初的我們認識的太少，且對彼此的希望或是需求都因為賭氣而不給，甚至是傷害式的回收。」我屏氣凝神的聽著先生繼續說：「其實當初的我被自己逼急了，忘了顧慮妳的感受，只是想要機械式的解決問題，覺得既然問題是小孩，那就給爸媽一個小孩就好，忘記這中間還有許多情要顧慮，包含要思考的情感以及情緒……」

我相當訝異先生的自我反省，但這也讓我更確定有件事情一定要問他！

趁著紅綠燈的空檔，我鼓起勇氣開口：「嗯，很謝謝你願意跟我說這些，那……假使你目前還願意的話，不知道想不想幫爸媽完成心願呢？」

看著先生緩緩地把頭轉過來，睜睜的盯著我看，雖然我內心掙扎萬分，但我依舊選擇說出口。

「你想要有一個自己的小孩嗎？」

時間彷彿停止了……

我們在車上沉默，只剩下先生的雙眼直視著我，但我卻讀不出他眼神中的意思。

「叭！」

原來是燈號轉綠，後方的車輛提醒我們往前，先生急忙往前開，但這一段路上，他都沒有再開口說話。

非常煎熬的一段路程，我從期待到忐忑不安，最後轉成擔心害怕，於是待先生停好車之後，我立即下車，並且表示我將先至教室準備今日的課程，請他和上次一樣協助帶領公婆參觀玄門山，下了車之後我稍微向公婆說明，便急忙地想要「逃」至教室。

踏進門口時，原本應該印入眼簾的莊嚴威武關聖帝君銅像，此時讓玄興教尊擋住了視線，什麼都還來不及說，玄興教尊已經開口請我緩和情緒，而上次帶領大哥大嫂參觀的師姐也在此時出現，就像是彩排過一般，師姐旋即前往招呼公婆等人，而玄興教尊則是邀請我一同走一小段路。

「還記得我告訴你的話嗎？」玄興教尊問我。

我點點頭，於是玄興教尊繼續說下去：「當初希望妳將玄門山當作放鬆的地方，然後漸漸地改變等等，這些種種……現在的妳都做到了；不過目前的妳卻反而緊張與不安，至於原因我就不多說了，因為妳需要的是了解為何與解決為何！」

我驚訝的看著玄興教尊，希望能聽到更多、知道更多，但玄興教尊只是微微笑，似乎要讓我自己發覺、體會與認知。

「最後一排靠窗的位置上……」我喃喃自語地看著帶我到位置上的玄興教尊，而玄興教尊依舊給我一抹微笑，始終是相信我能夠有所領會一般。

「祈願……我的祈願！」

突然間，我的腦海出現這一句話，我再度轉頭看向玄興教尊，只見玄興教尊給我不同於剛剛的微笑，就像是在說「沒錯，有緣人！」

此時的我才恍然大悟，我轉了好多圈之後還是回到原點，正是我的「祈願功課」啊！

「**在祈願中除了對事、對人的態度之外，對自己的態度也是相當重要的，學會自救並釋放自己，並且除了用心還要有直心**，這些最基本、在第一堂課我就知道，還時常複誦，怎麼在緊要關頭都忘記了呢？」我對著自己自問自答。

找到了方向，我變得更加堅定，當初因為先生不發一語的忐忑也漸漸消弭。

「沒錯，即使再怎麼擔憂先生的回答，我始終還是要『隨順其緣』不是嗎？況且我的祈願功課尚未完成，我就更應該專心一致，如此才是真正能夠達到『祈願我的祈願』啊！」如同玄興教尊給我的相信與堅定一般，我開始穩定了我原本混亂不堪的情緒。

「今天是最後一堂課了，何不好好的享受與珍惜當下呢？」

打定主意的我，從背包拿出我的筆記本，攤開空白頁放在桌上，提起筆，今天的我要「有始有終」！

※※※

「嗯，最後一堂課了……對某些人來說這是一個課程的結束，但有結束當然也有開始，所以下堂課的主題請密切鎖定 LINE 群組。」繼上次的 FACEBOOK 之後，玄興教尊又讓我發現原來他也是 LINE 的使用者。

接著話鋒一轉，玄興教尊像是在對著我說話，不！根本就是在對著我說：「至於對某個人來說，今日課程的結束是圓滿也是成就，但我覺得她或許日後會在我們的『群組』當中，成為我們的一員，不知道你們其他人有沒有同樣的感覺。」

玄興教尊詢問底下的師兄師姐們，我有些難為情地低頭，此時在我前方的師姐轉過頭來問我：「妳覺得呢？我覺得她加入的機會相當大唷！」說完之後就笑著轉過頭去了。只見師兄師姐們都非常「有默契」的點頭或是附和，而把頭低的不能再低的我，只能希望玄興教尊趕緊開課。

可能聽到我的求救，玄興教尊真的開始上課了，但我也赫然發現，我的情緒因此而逐漸放鬆，也更專心於課程上了。

「好吧，我不能見死不救，所以現在就先上課吧！課程的開始，我們先來說個小故事吧！」玄興教尊說。

而祈願的最後一堂課，開始！

以故事為開頭，玄興教尊告訴我們：「在美國有一個小鎮，鎮上居民大多數以務農維生，但是有一年因氣候異常，造成久旱的現象，長達數月以來居然都沒有降下一丁點的雨，於是農作物均乾旱且無法生長以及收成，鎮上居民個個憂心如焚，只能眼看損失越趨嚴重，但卻又束手無策，不知該如何是好。而在鎮上有一所教會是平日居民信仰的中心，因此牧師為了安撫大家不安的情緒與紓解大家心中的苦悶，於是便提議舉辦一場祈雨的禱告大會，希望藉此達到求雨並降雨的功效，此意見當然很快地獲得鎮民一致同意。

禱告大會的日子終於到來，於是鎮民們懷著忐忑不安與疑惑難信的心情，紛紛走向教堂，牧師也站在教會門口迎接大家並與居民寒暄問好。只是當大家陸續走進教堂時，臉上大多都顯露出焦躁不安與鬱鬱寡歡的神情，甚少見到有人露出笑容；就在此時，牧師注意到有一位小女孩，她小小的臉龐上嶄露滿滿且燦爛的笑容，看起來相當興奮的樣子，而且她不但牽著父母的手，身旁還帶著一把可愛的小雨傘，頓時牧師內心真是感動不已，並對小女孩發出會心的一笑，大家發現了嗎？這小女孩所表現的態度就是完全的相信上帝，對上帝充滿信心與信仰啊！而這種信念與信心正是我們口中所謂的大人們所忽略與欠缺的啊！」

如同強調一般，玄興教尊又說：「祈願的力量是透過信仰、信心、信念形成，且是經由善心、善念、愛、孝心、承擔、責任之發射而達成。信仰、信心、信念的形成是中心思想的建立，而我們的中心思想，即是恩主；你必須要做到的就是相信恩主，並且在心中清楚明白的知道恩主就在心中，然後以清淨的心、光明的心、大公無私的心、虔誠的心、恭敬的心來祈願，那麼祈願的力量就會越發擴大，又祈願的達成是透過善心、善念、愛、孝心、承擔、責任，其中孝心就是感恩，因此祈願要在知足、感恩、惜福、祝福的條件下，才能有所力量，此外，在祈願或修行之中，加入感恩的元素，甚至可以幫助我們提升自己的內在觀感。」

話剛說完，玄興教尊就在白板上寫下：

祈願力量的真實泉源——信仰、信念、信心。

加強重點的說明，玄興教尊開始說：「關於祈願課程，我們首要講述的就是心態問題，這是對一件事開始的認知、見解，更是攸關祈願的力量，也是祈願師的第一個力量。通常愈懂『虔敬信仰』的人，力量愈大，其原理就來自於祈願的力量，包含信仰、信念、信心，這是因信仰的深度直接影響力量的大小，這就是因『虔敬信仰』而強化了其信仰的意念。

至於祈願力量的大小，同樣也是信仰、信念、信心，大多以心態占較大部分，故想修祈願之法、希望人生重新開始的人，即需先對自己有深度的信心，再來，信仰是否深入也攸關神能否顯化之，因此強化自己之際，更要對自己的心態問題有所認知，否則人生將難以改善，這是由於自己的信仰、信念、信心不足所致。

再讓各位知道，有些人是打從一開始即知道其無法引渡，這又是為什麼呢？其實道理很簡單，即所謂『佛雖然是無法無邊，但佛也是只能度化有緣人的』，由此可知，祈願修法課程僅能讓想調整自己的人有所學習，至於未有意願的人當然無法習得。」這讓我聯想到我的「有緣人」稱號，所以我應該要更努力的學習啊！

「我們教導孩子拜神除了需引導其進入正確的信仰、信念與信心，也教其明白真實的道理，讓其了解對神的信仰最終都是為了改變自己、幫助自己。更重要的是大人應該要先以身作則，透過養成自己虔敬的態度，那麼孩子才能深受影響。

祈願等於力量、信念等於力量、信仰等於力量、信心等於力量，而神的庇佑是透過一定方法來進行轉換，亦即透過祈願發出信仰、信心、信念而得神所庇祐，也就是說神的力量是無私、無量與無邊，但依舊需要導引方可入，而這導引的力量即是祈願、信念、信仰及信心，因此哪怕僅剩下最後一口氣，都還是需要有信仰及信心。請謹記，唯有虔敬的態度及強烈的信念、信仰及信心，祈願的能量及深度才能提升。

信仰，需從信仰自己開始，讓自己有信心，並藉由宗教性的持咒、靜坐穩住自己的心，且專注的守在當下；請記得一個重點，那即是，道不在多與花俏，而是端賴每個人的因緣修習與證悟，因此不要懷疑自己，要相信自己一定可以做到，然後養成專注的習慣，順心修行即可。」玄興教尊持續說著，而我也認真聽著。

『做一個篤定的自己，除了認真踏實努力之外，尚應在內心中建立一個信仰、願景及虔誠的祈禱。』

「想要改變人生的命運，都應該建立在信仰、信心、信念之上，其中即已涵蓋圓融國度主要之法，也是玄門真宗的教義及真實道理。

信心不夠，信仰就不會深入，因此對自己信心的培養，簡單扼要卻也相當艱辛，即是需勤於持咒、靜坐、讀經，因這些課程能夠調整你的信心、改善你的因緣執性。又，信心等同於專心一意，若是左顧右盼代表沒信心，要讓自己有信心不斷的向前走，那麼自然就能達到目標；相信你一定看過日本人喜歡頭綁必勝頭巾，或在街頭信心喊著『我要成功』等語，其重點就在於強化信心，也因此，教脈中化緣渡眾的功課，同樣是在強化信心與信仰。但信心是看不見的，信念則是要願意跟著照做，所以先有念頭才可看見信心，接著信心就會隨著信念走，我們對於恩主、老師所傳授的道理應該全心相信，不然也只是一腳門外一腳門內，無法一門而入。

各位在遭遇問題或困難時，必須強化自己的信念，相信恩主，且當問題來時即持咒，就能讓自己持續往前走，又假使你單一虔敬的相信恩主，那麼恩主必定會幫助於你。」圍繞著信仰、信心、信念的重點，玄興教尊提醒著我們。

接著，玄興教尊又在白板上寫下建立中心思想以強化信仰、信心及信念，並備註：

信仰、信心、信念＝中心思想

然後，玄興教尊繼續對我們說：「中心思想並非只是掛於牆壁上的字詞，而是應該具體思考自我中心思想的建立。修行想要與法界溝通、想要改變自己的命運，就要有信仰、信心、信念、愛、孝心、承擔……的中心思想，才會展現出力量，做事也才能成功，否則終其一生都將徒勞無功。舉例來說，有位四十多歲的師兄叩問恩主，人生至此，雖無大善但也並非大惡，但為何人生總是無法成功、無法有所成就？此乃因其中心思想尚未建立，導致人生難以落實啊！

想要自己或子女有所成就，就應該思考中心思想的建立，唯有如此也才有改變自己一生的力量。」

「至於**中心思想的建立有一進程**，請大家了解。」說完之後玄興教尊在白板上補充寫下：

一、要先有認知及概念。

二、理解。

三、執行、印證。

寫完之後，玄興教尊再接著寫下**中心思想如何建立**。然後轉過來對我們說：「透過專一的發心，且不計過程中的挫折與壓力。若是缺乏認知、理解、落實執行及付出愛，中心思想都將只是空談。

想請問各位，是否時時刻刻力行要渡人一事呢？那麼當你在渡人的過程中，惹來不必要的是非，你是會繼續堅持而行或是自我放棄呢？相信答案很簡單，你我都知道，若是選擇了放棄，則原本的發心也就等於沒了，但這卻是一個相當艱難的抉擇，這與信念、信仰、信心是有密切關連的。

遭遇問題與挫折，應該思考自己當初發心的堅定信心是否尚在，還是已經因為情緒起伏而無法持續呢？請記住，唯有熬過阻礙而養成的深度信仰，才能跨越法界。」

「剛剛說到的是中心思想如何建立，現在我要說的是**中心思想的建立層次**。」玄興教尊邊說邊寫：

中心思想的建立有其層次：

一、小我：利己，對自己好處，人不為己天誅地滅。

二、利他：對家庭、社會、天地之好處。

轉過身來，玄興教尊說：「我們修道可以先從認知對自己有利的概念出發，從認知去改變自己，藉由中心思想的建立，才能感應於天地，因為神的庇佑是在於自己祈願的力量。我們修行是眾生發心培植而成，所以百年道場可能只成就一個人，再加上我們的付出也是為成就眾生，而眾生也是在成就我們，所以我們應該要落實幾個課題。」轉過身，玄興教尊提筆開始寫著：

一、對自己及每一個人都付出愛。

二、對自己發心，而立願、計劃也屬發心的一種，如：參與四九戒期、發心渡人等，但要知道的是，渡人如游泳，自己是需要有所功夫的，因為若是不慎，也可能導致自己溺斃。

一邊補充說明，一邊寫下重點，我認真的抄寫與聆聽，玄興教尊講著：「從自己到家庭、團體都要學習承擔與責任，因為修行是為改變自己，我們藉由多關心家人，進而瞭解自我問題，接著逐步改善，再到發心、愛……等，這些最終的目的不在於他人，都是為自己好。

曾經有一濟佛辦事時直接問說：『有什麼功德可和神對話呢？』雖然說我們可能會不太尊重乩童，但我們要珍惜的是與神溝通的機會，所以你應該要多為自己造功德，才能有機會與神對話；再者，修祈願之法應先得到他人認同，故從學習建立自己中心思想概念開始吧，然後才能建立家庭、道場的中心思想。」

玄興教尊說完之後突然陷入一陣沉默，並且看著大家，最後將目光落在我身上，約過五秒之後，玄興教尊緩緩開口說：「最後的最後，我要告訴大家的是**宗教即是生命！**」

玄興教尊直接說明：「開宗明義地告訴你，宗教就是生命，有人誤解生命本質因而不拜神，但卻不知，其實拜神是在於深入生命，提升生命本質，強化生命力量的。所以虔敬拜神可以有所改變，又信仰、信心、信念可使陰陽轉換，陰陽轉換就有生命的力量，故，拜神可以強化生命之力量。

總結來說，我們說神的本質就是信仰、信心、信念，有了信仰、信心、信念，神才會存在啊！」

玄興教尊再度停頓數秒……接著又緩緩開口。

「那……我們祈願的課程就到這裡結束了，相信你們應該都有自己的體會和想法了，至於修行……就請持之以恆，謝謝各位。」簡短地說完勉勵的話之後，玄興教尊宣布課程結束，而我……意猶未盡、依依不捨的情緒突然湧上心頭。

「圓滿代表的或許不是結束，而是開端，是不是呢？」前方的師姐突然拍拍我的肩，對我這麼說著。

就是啊，課程的結束並不是緣分的盡頭，我又何必要讓自己如此感傷呢？

突然有一個念頭閃過我腦海中，「現在最重要的還是先生他們了！」

我有些緊張的步出教室尋找先生與公婆、哥嫂們，突然一陣悅耳笑聲告訴了我他們的方向，循著聲音走去，我發現公婆與先生正在門口進來的涼亭內休息，而哥嫂帶著孩子在黃色小鴨旁開心拍照。

我緩步移動的走到涼亭，向他們打聲招呼：「爸、媽，我下課了。」

至於先生……我的目光閃爍，不敢正視先生的雙眼。

但一個起身，先生就走到我身旁，輕摟住我的肩，對著我說：「爸媽他們剛剛在說，生男生女一樣好，他們不會有什麼差別待遇，重要的是……那是我們的孩子。」

轉過頭，我驚訝的看著先生，不需要多說什麼，這一段話不只破除了我一路的擔心與不安，還包含了先生要給我的回應。

那一種情緒的沸騰，讓我眼睛開始濕熱，但我努力的將眼淚停留在眼眶，讓嘴角的笑容牽著臉頰，依舊無法阻止那麼一滴滿溢出來的彭湃，我急忙轉過身去擦拭，而先生為了掩飾我，故意走上前去邀請公婆趁著天氣好時再走走逛逛。

「未來很長，我們再一起努力吧，下次……不管妳是要祈願、要上課還是要走走看看，我都會跟妳一起，但在這之前，我們要先去向玄興教尊說聲謝謝。」先生突然走到我身旁輕聲地說，我投以他感激的眼神，點點頭代表我無法形容的千言萬語。

走到一半時，發現公婆與玄興教尊正在前方，我快步上前，想要向公婆介紹玄興教尊，但見他們相談甚歡，於是就暫緩腳步與先生慢慢走過去。

突然間我覺得疑惑。

「你為什麼要向玄興教尊道謝呢？」我對先生問著。

看了我一眼，先生開心的笑著，然後開口說：「那是因為……那天陪妳來上課的時候，玄興教尊已經告訴我，很快的，我們將會有愛的結晶啊！」

被先生緊摟著的我相當震驚但又不意外，此時耳邊傳來公公與婆婆的對話。

「沒來之前，還記得妳說，這裡還好吧。現在呢？」公公玩笑式的問著婆婆。

只見婆婆環視一圈，然後看著我，並且說：「你說玄門山啊，這裡好極啦！」

一陣歡笑聲不絕於耳，順應著樹梢流動、枝葉輕撫，也讓微風帶著流向腳邊的小草，呵呵輕笑；順應著枝幹往上傳到樹頂，傳送給末端的松鼠與小鳥；再帶著飄向那高更遠，映照著這天是多麼的藍、這雲是多麼的白……

沒錯，我已經祈願我的祈願了，你呢？

國家圖書館出版品預行編目資料

祈願：11堂祈願課，成就你一生的圓融／
玄興教尊指導；蔡秋生，蘇紹寧編撰整理.
－－第一版－－臺北市：宇河文化 出版；
紅螞蟻圖書發行，2017.1
面　；　公分－－(玄門真宗；7)
ISBN 978-986-456-051-6（平裝）

1.宗教 2.命理

210.16　　105021207

玄門真宗 7
祈願：十一堂祈願課，成就你一生的圓融
指　　導／玄興教尊
編撰整理／蔡秋生、蘇紹寧
發 行 人／賴秀珍
編　　輯／謝容之
校　　對／柯貞如、謝容之
封面設計／張一心
美術構成／上承文化
出　　版／宇河文化出版有限公司
發　　行／紅螞蟻圖書有限公司
地　　址／台北市內湖區舊宗路二段121巷19號(紅螞蟻資訊大樓)
網　　站／www.e-redant.com
郵撥帳號／1604621-1　紅螞蟻圖書有限公司
電　　話／(02)2795-3656（代表號）
傳　　真／(02)2795-4100
登 記 證／局版北市業字第1446號
法律顧問／許晏賓律師
印 刷 廠／卡樂彩色製版印刷有限公司
出版日期／2017年1月　第一版第一刷

定價 280 元　港幣 94 元

ISBN 978-986-456-051-6　　Printed in Taiwan